아이가 있는
집의 질문들

아이가 있는
집의 질문들

부너미 지음

차례

서문
아이와 함께, 더 나은 삶으로 나아가려는 어른들 7

1장 가족이 아이에게 가능성이 되기를

기러기 엄마가 돼도 될까 15

연애에 관심 많은 아이에게 뭐라고 말해 줄까 27

속 깊은 대화 없는 우리 가족, 이대로 괜찮을까 41

모든 것을 털어놓는 사람이 꼭 부모여야 할까 51

누구나 엄마 성을 쓸 수 있을까 63

2장 서로를 잘 돌보려면 어떤 가족이어야 하는가

신경다양성 아이, 그대로 수용할 수 있을까 77

아픈 가족을 잘 돌보려면 어떻게 해야 할까 89

아이를 맡기고 여행을 가도 될까 103

가족의 공용 공간 화장실, 함께 관리할 수 있을까 113

아이를 돌봐 주시는 부모님께 어떻게 보상할까 123

3장 세상의 논리로부터 집을 지키는 법

돈 버는 구성원과 그렇지 않은 구성원은 다른가 137

아이들 경제교육, 무엇을 강조할까 147

스마트폰을 쓰는 아이에게 어떻게 조언할까 161

힘으로 다 되는 건 아니라고 아들에게 어떻게 알려 줄까 173

긴 머리카락의 아들, 이대로 괜찮을까 187

어떻게 거절을 잘 받아들이는 사람으로 키울까 197

4장 가장 가까운 사람과의 가장 어려운 대화

다 큰 아들과 성에 대해 솔직하게 대화할 수 있을까 211

아빠의 새로운 가정을 어떻게 받아들일까 223

우리 집에서 운전하는 사람은 왜 아빠일까 233

우리 집에서 밥하는 사람은 왜 엄마일까 243

부부 갈등은 아이에게 해롭기만 할까 **255**

유튜브에 영향받는 아이와 어떻게 대화할까 **267**

5장 고민하는 만큼 우리 집은 달라질 것이다

우리 집에 적정한 사교육은 어느 정도일까 **281**

성장 중인 아이와 살면서 다이어트를 해도 될까 **293**

부모가 아이의 미래를 대비할 수 있을까 **301**

결혼식을 꼭 해야 할까 **313**

아이가 동성애에 관심을 갖는다면 어떻게 말해 줄까 **325**

주석 외 참고문헌 **335**

서문

아이와 함께, 더 나은 삶으로 나아가려는 어른들

"아이랑 살면 행복해요?"

이런 질문을 받으면 참 난감합니다. 결혼이나 출산을 고민하는 사람들은 자신의 선택에 참고가 될 만한 답변을 듣고 싶어 물었을 테지요. 그럴 때마다 저는 '그렇다'와 '아니다' 중 어느 쪽이라고 콕 집어 말할 수 없는 딜레마에 놓입니다.

한국에서는 아이와 함께하는 일이 삶의 기쁨보다는 감당해야 할 무게로 다가옵니다. 정부가 저출생 문제를 해결하겠다며 막대한 예산을 투입했지만, 결과적으로 실패한 걸 보면 알 수 있지요. 전 세계에서 합계출산율이 가장 낮은 나라에서, 이 책의 필자들은 아이와 함께 사는 시간을 지나고 있습니다. 확신에 차서 이 길을 선택한 것은 아니었습니다. 다만 분명한 사실은, 우리에게 아이를 길러야 할 책임이 주어졌고, 이제는 아이와 함께 하루하루를 잘 살아내야 한다는 점입니다.

잘 살아간다는 건 어떤 의미일까요? 더 나은 삶을 고민하고 실천하며 살아가기 결코 쉽지 않은 시대입니다. 양육자들은 바쁩니다. 자신의 삶 앞에 당장 해결해야 할 문제들이 쌓여 있으니 "왜 이렇게 살아야 하지?", "당연하다고 믿어 온 것이 정말 옳을까?", "더 나은 길은 없을까?"와 같은 질문을 붙들 여유가 없습니다.

자본주의의 논리는 돈이 되지 않는 질문을 시간낭비로 만들고, 나만의 답을 찾는 일을 비효율이라 여깁니다. 대부분 승자독식의 세계가 잔인하다고 말하면서도, 정작 현실에서는 "어쩔 수 없다"는 말로 스스로를 설득하고 순응해 버립니다. 우리 집안에서 차별과 편견이 드러나는 순간에도 침묵합니다. 그러나 이 책은 바로 그 순간 멈춰 서서 묻고자 합니다. 정말 어쩔 수 없는 것일까.

이 책의 필자들은 나이, 사는 곳, 직업, 학력, 재산 등 삶의 배경이 모두 다르지만 하나의 공통점을 지니고 있습니다. "다른 집들도 다 그래"라고 하면서 뒷걸음질치지 않았다는 것, 각자에게 주어진 질문을 붙들고 계속 고민하며 조금씩 나아가고 있다는 것입니다. 세상 탓만 하거나 세상이 바뀌기만 기다리는 것이 아니라, 우리가 먼저 무언가를 해야 한다는 믿음으로요. 그런 크고 작은 마음이 모여 이 책이 되었습니다.

아마도 아이가 없었다면 하지 않았을 고민일 것입니다. "왜 아이에게 엄마 성을 물려주면 안 될까?", "아이를 평균 발달이라는 틀에 꼭 맞춰야 할까?", "연애를 시작한 아이를 축하해 줄 순 없을까?", "아이 아빠의 재혼을 어떻게 받아들여야 할까?", "부부 사이의 갈등을 아이에게 어디까지 오픈해야 할까?"

아이 키우는 집의 고민은 교육과 입시, 돈 걱정 말고도 이토록 다양합니다. 아이들은 끊임없이 질문합니다. "왜 아빠랑 있을 때 엄마는 운전 안 해?", "결혼식은 꼭 해야 하는 거야?", "배달기사의 안전을 내가 왜 걱정해야 돼?" 때로는 이렇게 훅 들어오는 직접적인 질문으로, 때로는 성장 중인 아이와 살면서 다이어트를 해도 되는지, 아이를 맡기고 여행을 가도 되는지, 속 깊은 대화 없는 우리 가족이 괜찮은 건지…… 부모 스스로를 돌아보게 만드는 질문으로 초대합니다.

필자들은 당연함을 뒤집는 아이의 질문을 그냥 흘려보내지 않았습니다. 남들이 내린 답으로 대충 갈음하지도 않았습니다. 각자의 집에서 할 수 있는 작은 변화를 시도했습니다. 한 사람이 쓴 글은 짧지만, 이 책은 2년에 걸쳐 만들어졌습니다. 한 질문을 오래 붙들고, 곱씹고, 고쳐 쓰는 과정은 "어쩔 수 없다"는 말에 균열을 내는 일이었고, "달라질 수 있다"는 믿음을 단단하게 만드는 시간이었습니다.

질문은 질문으로 끝나지 않고 곁을 바꾸는 실천으로 이어졌습니다. 중학교 진학을 앞둔 아들에게 긴 머리카락을 자르라고 강요하는 대신, 아이를 보고 수군대지 않는 사회, 아이가 원하는 모습으로 살아도 괜찮은 미래를 그리며 관련 교육을 찾아듣고 사회적 목소리를 내기 시작했습니다. 아이 돌봄을 맡아 주는 엄마에게 용돈 대신 정기적인 '급여'를 드리며, 엄마의 노동을 사랑과 헌신으로 뭉뚱그리지 않고 그 경제적 가치를 온전히 인정했습니다. 아이를 두고 어떻게 엄마가 집을 비우냐는 사회적 압력을 이겨 내고 먼 지역으로 떠나 '기러기 엄마' 되기를 감행했습니다. 내가 하는 음식은 맛이 없다며 한사코 집밥 노동에 나서지 않던 남편이 요리하고 냉장고를 청소하는 일상을 살고 있습니다.

집에서의 이런 실천은 결코 가볍지 않습니다. 일상적이고 반복적이기에 더욱 그렇습니다. 그럼에도 이런 실천을 포기하지 않으며 우리가 얻은 것은 곁을 바꾸는 힘이 우리 스스로에게 있다는 확신이었습니다. 이전과 달라진, 더 나은 삶 속으로 들어서는 경험은 어른에게도 아이에게도 앞으로의 삶을 마주하는 용기가 됩니다.

'어쩔 수 없다'의 세계에서 '달라질 수 있다'의 세계로 나아가기 위해서는 두 가지 마음가짐이 필요합니다. 첫째, 어른도 아이와 함께 성장한다는 마음입니다. 우리는 흔히 어른은 가르치는 주체, 아이는 배우는 대상이라고 생각합니다. 그러나 실제로는 그 반대일 때가 많습니다. 아이는 우리에게 뜻밖의 질문을 던지고, 그 질문은 어른을 다시 배우게 합니다. 여러분이 아이와 함께 질문하고 탐구하며 변화의 가능성을 상상하는 동반자의 위치에서 이 책을 읽어 주기를 바랍니다.

두 번째는 아이를 독립된 주체로 존중한다는 마음입니다. 아이를 통제의 대상으로 여기지 않고 자율성과 자유의지를 지닌 존재로 인정해야 합니다. 그런 의미를 담아, 이 책에서는 가급적 '내 아이'라는 표현 대신 '우리 집 아이'라는 표현을 사용했습니다. 내 아이는 우리 집에서 살아가는 어린 시민입니다. 가장 가까운 어른으로서 아이의 질문에 삶으로 답해 주세요. 아이 곁에서 든든한 동료 시민이 돼 주세요.

자, 두 가지 마음, 준비되셨나요? 그럼 지금부터 《아이가 있는 집의 질문들》 속으로 천천히 걸어가 보겠습니다. 이 책의 질문들이 작은 불씨가 되어 여러분의 일상에도 변화를 일으키길 바랍니다. 이 책을 다 읽은 다음에는 마지막 질문에 이어서 들려주세요. "여러분의 집은 지금 어떤 질문을 품고 있나요?"

2025년 11월 부너미의 이성경 씀

1장

가족이
아이에게
가능성이
되기를

기러기 엄마가 돼도 될까

정현주

주 4일 지방 근무를 감수해야 하는 일자리를 제안받았다. 아직 초등학교 2학년인 아이를 두고 기러기 엄마가 돼도 될까? 지금이 아니면 다시 없을 좋은 일자리를 이대로 포기해야 할까?

너무 당연해서 반론의 여지도 없는 말들.

우리 안에 믿어 의심치 않아 온 생각들.

그러나 나는 내 앞에 출제된 새로운 유형의 문제를

내 식대로 풀어 보기로 했다.

매주 수요일 아침, 트렁크에 짐을 싣고 차에 시동을 건다. 집을 떠나 집으로 갈 시간이다. 나는 집이 두 개다. 가족과 함께 사는 집, 그리고 혼자 사는 원룸. 수요일에 타지로 출근해 4일간 직장 근처 원룸에서 지내고, 토요일 저녁이면 다시 주민등록상의 거주지로 컴백한다. 이렇게 지낸 지 어느덧 3년이 되어 간다.

직업 전환을 준비하던 시기에 집에서 90킬로미터 떨어진 곳에서 제안이 왔다. 놓치기 아까운 기회였다. 첫 직장이었던 출판사를 그만둔 뒤 임신과 출산을 거치며 과외, 어린이집 보육교사, 사무직 등을 전전했다. '마흔이 되기 전에 나만의 전문 분야를 찾아야 하지 않을까?' 막연한 조급함에 떠밀리던 나는 아이가 일곱 살이 되던 해에 새로운 진로를 준비하기 시작했다.

마흔 살 신입의 가능성을 발견해 준 곳은 가 본 적 없는 지방 중소도시의 한 사설기관이었다. 거리가 가까웠다면 고민할 것 없이 입사할 만한 조건이었다. 마음에 걸리는 건 딱 하나였다. '초등학교 2학년생인 딸을 두고 내가 집을 비워도 될까?'

기관장은 일단 주 1회 근무부터 해 보자고 했다. 그러다 하루이틀 근무 요일을 늘리자는 거였다. 당장은 아니어도 가까운 미래에 사나흘씩 집을 나와 있어야 하는 일자리를 덥석 잡기는 어려웠다. 쉽사리 결정하지 못하는 나에게 지인들은 간단명료한 답을 내주었다.

기러기 엄마가 돼도 될까

"애가 아직 어린데 엄마가 집에 있어야지, 뭘 고민해?"

'집을 떠나 있는 엄마'란 일종의 형용모순 같아서 양육할 자녀가 있는 엄마에게 정기적인 외박은 애당초 고려사항이 될 수 없었다. 너무 당연해서 반론의 여지도 없는 말들. 우리 안에 믿어 의심치 않아 온 생각들. 그러나 나는 내 앞에 출제된 새로운 유형의 문제를 내 식대로 풀어 보기로 했다.

내가 없어도 괜찮은 집

"운전 괜찮겠어?"

남편에게 직장 고민을 털어놓자 그는 나의 운전 스트레스를 제일 먼저 염려했다. 내가 괜찮다고 말하자 프리랜서 강사인 그는 나의 부재로 문제될 일은 없다는 듯 바로 대책을 제시했다.

"당신이 못 들어오는 날엔 내가 수업 시간을 조정해서 집에 일찍 올게."

예상은 했지만 너무나도 그다운 반응이었다. 10여 년의 결혼생활 동안 우리에게 중요한 건 자유로운 개인의 삶이었다. 덕분에 내가 자유로우려면 상대방의 자유도 지켜 주어야 함을 일찌감치 깨달았다. 우리는 서로에게 일방적으로 요구하기보다 상대의 선택에 따라 발생하는 상황에 유연하게 대처하며 살림과 자녀양육이라는 공동의 일상을 유지해 왔다. 그는 직업인으로서 나의 새 출발을 위해 기꺼이 자신의 삶을 조정할 의향이 있었다.

무엇보다 그는 아이와 단둘이 지내는 생활에 걱정이 없어 보였다. 그의 일상은 크게 달라질 것이 없었다. 늘 하던 대로 의식주를 해결하고 아이 곁에서 시간을 보내면 됐다. 다만 모임을 좋아해서 밤이고 낮이고 사람 만나던 것을 줄여야 했는데, 절충안으로 모임을 우리 집에서 하겠다고 했다. 그에게 깨끗이 뒷정리를 잘하라고 당부하는 것으로 나의 직장 문제는 빠른 합의에 도달했다.

'엄마 바라기'인 딸은 처음엔 입을 삐죽였다. 하지만 나를 닮아 도전정신이 있는 아이였다.

"잘할 수 있어. 엄마가 집에 없어도 괜찮아."

나를 안심시키기 위해 그냥 하는 말이 아니었다. 우리 가족은 속내를 추리해야 하는 꼬인 대화를 선호하지 않는 편이다. 나는 아이의 말을 액면 그대로 받아들였고, 내가 없어도 괜찮다는 말이 섭섭하기는커녕 다행스러웠다.

아이는 내 출근이 결정된 날부터 훈련에 돌입했다. 아침에 엄마 아빠가 깨우지 않아도 알람을 듣고 일어나 보겠다고 했다. 혼자 버스를 타고 이동하는 연습도 했다. 밥 차려 먹기, 숙제나 준비물 챙기기, 시간이 되면 씻고 잠자리에 들기. 아이는 놀이처럼 자기 일과를 스스로 챙겼고, 하루하루 자신의 유능함에 뿌듯해했다.

막상 장거리 출퇴근을 시작하고 보니 이 생활에 가장 적응이 필요한 사람은 나였다. 아침잠이 많은 내가 고속도로 정체 시간을 피해 새벽 5시에 집을 나섰다. 새로운 일에 대한 부담감으로 점심밥도 잘 넘어가지 않았다. 밤 운전은 긴장의 연속이었고, 폭우를 뚫고 달릴 때면 절로 기도가 나왔다. 그렇게 두 달이 지나고 석 달째부터 근무 요일을 이틀로 늘리면서 회사에서 원룸을 마련해 주었다. 본격적인 분거살이의 시작이었다.

초기에는 집에 못 들어가는 날이면 아이에게 전화를 걸어 학교는 잘 다녀왔는지, 저녁은 뭘 먹었는지 묻곤 했다. 아이는 씩씩하게 통화를 하다가도 전화를 끊을 때면 "엄마, 보고 싶어……"라며 울먹였다. 내가 잘못된 선택을 한 걸까. 아이의 반응에 마음이 쓰이던 날, 아이와 대화를 나누었다.

"엄마가 집에 없어서 혹시 힘드니? 전화할 때마다 보고 싶다고 우는 것 같아서 속상했어."

"아니 그게 아니라…… 아니야."

"뭔데? 솔직하게 얘기해도 괜찮아."

"왠지 보고 싶다고 말해야 할 것 같아서……. 그래야 엄마가 기뻐할 것 같았어."

예상치 못한 답변에 순간 웃음이 터지고 말았다. 살면서 '왠지 그래야 할 것 같아서' 하는 일이 얼마나 많은가. 문자나 전화 연락을 잘 하지 않는 나조차도 그런 마음으로 집에 전화를 걸고 있었으니 말이다.

"엄마가 보고 싶을 때도 있고 아닐 때도 있는 거지. 엄마 마음 신경 써 주는 건 고맙지만 내 생각이 안 날 정도로 즐겁게 하루를 보낸다면 더 기쁠 것 같은데?"

그 후로 아이는 깨발랄한 목소리를 되찾았고, 우리의 의무적인 통화 횟수도 서서히 줄었다. 연락을 안 한다고 미안해할 이유도, 연락이 안 온다고 불안해할 필요도 없었다.

내가 없어도 아이와 남편의 일상은 잘 굴러갔다. 이 사실이 내 마음에 남아 있던 일말의 의구심과 미안함을 몰아내고 해방감을 가져다주었다. 둘은 마라탕을 사 먹고 동네 산책을 하고 도서관도 간다. 가끔은 내가 없어서 더 나은 것 같기도 하다. 잔소리꾼이 사라진 덕분에 그들 모두 자기 방식대로 자립능력을 키워 갈 기회를 얻었다. "스스로 해!"라는 백 마디 말보다 스스로 할 수밖에 없는 환경 속에서 사람은 비로소 변하는 모양이다.

내가 있고 없고가 별문제가 아니라는 걸 경험해서일까. 이틀에서 3일로, 3일에서 4일로 근무일을 늘리는 것은 우리에게 어려운 결정이 아니었다. 오히려 내가 새로운 일에 재미를 느끼며 직장에 잘 자리 잡은 것, 그로 인해 우리 집의 재정 상태가 전보다 나아진 것에 세 식구 모두 만족했다. 나 역시 좋은 동료들과 함께 일하며 배울 수 있어서, 퇴근 후 주어진 개인 시간에 더 공부하며 전문성을 키울 수 있어서 좋았다.

집을 오래 비운다고 엄마로서 나의 존재감이 작아지거나 관계가 소원해지는 것도 아니었다. 며칠 떨어져 있으니 만나면 반갑고, 주말에 뭐 하고 놀까 더 적극적으로 궁리하게 됐다. 아이도 내가 오는 날을 손꼽아 기다렸다. 홀로 있는 시간 덕분에 함께하는 시간이 더 특별해졌다.

기러기 가족의 행복한 비행을 위해

헤아려 보니 3년간 약 300일 밤을 타지에서 지냈다. "애는 어떡하고?"라고 묻던 놀란 눈동자들은 시간이 지나면서 부러움의 눈빛으로 바뀌었다. 하지만 한쪽에는 여전히 나무라는 듯한 시선이 존재한다. 힘들어도 집에서 다니라고, 가까운 곳으로 직장을 옮기라고, 남편에게 돈을 더 벌어 오게 하라고, 아이에겐 엄마 손이 필요하다고, 어쨌든 가족은 함께 살아야 한다고.

기러기 엄마는 외롭다. 실은 내 삶에 더없이 만족스럽지만, 사람들은 그것을 잘 믿으려 하지 않기 때문이다. 나의 선택에 대해 장황하게 설명해야 하는 상황에 맞닥뜨리면 자꾸 말을 삼키게 된다. 마음이 흔들릴 때면 아이에게 묻는다.

"엄마랑 엄마 회사 근처로 이사하는 건 어때?"

아이의 대답은 확고하다.

"싫어, 난 지금 다니는 학교를 졸업하고 싶어. 친구들과 헤어지고 싶지 않아."

남편에게도 묻는다.

"다른 지역에서 살아 보는 건 어때?"

"글쎄, 가능하면 그동안 기반을 닦아 놓은 곳에서 계속 살고 싶지."

"그럼 내가 일을 그만두어야 하나?"

"왜? 지금 다니는 회사에 만족하잖아?"

나는 우리 가족의 이런 대화가 '지금 나는 내 생활에 만족해!'라는 뜻으로 들려서 기쁘다. 그러니 기러기 엄마로 사는 게 뭐 그리 문제란 말인가.

나의 기러기 생활은 안정적인 궤도에 올랐다. 주기적인 분거살이 3년 차인 우리 가족은 누구 하나 더 희생하거나 고립되지 않은 채, 멈추거나 이탈하지 않은 채, 따로 또 함께 각자의 비행을 이어 가고 있다. 나는 바람대로 새로운 직업군에 성공적으로 안착해 경력을 쌓고 있다. 운전에 더욱 자신감이 붙어서 어디든 못 가는 곳이 없어졌다. 집에 도착하면 일을 완전히 잊고, 다시 일터로 출근하면 업무에 집중한다. 몸은 조금 고되어도 지금이 좋다.

내가 지내고 있는 도시에는 나처럼 주중에는 이곳에서 일을 하고 주말이면 본가로 돌아가는 사람들이 다수 거주한다. 그래서 골목마다 주차난이 심각하다가도 토요일이면 휑할 정도로 자동차들이 사라진다. 예상하다시피 그들 대부분은 남성이다. 흔히 '기러기 아빠'로 불리는 그들 중에는 외국인 노동자도 포함된다.

1990년대 조기유학 열풍이 불면서 아내와 자녀를 해외로 보내고 홀로 한국에 남아 뒷바라지하는 아빠들이 생겼다. 이들을 가리키던 신조어인 '기러기 아빠'는 지금도 왕왕 쓰이고 있다. 그러나 실제로 분거 가족은 자녀교육보다 직장 문제로 떨어져 지내는 비율이 훨씬 더 높으며, 여성은 자녀양육 때문에 홀로 둥지를 떠날 수 없기에 주로 남성 배우자가 '기러기'가 된다.

겨울 철새인 기러기는 더 따뜻하고 살기 좋은 곳을 찾아 이동하는 것뿐인데, 사람들은 이러저러하게 의미부여를 하며 남성 배우자에게는 헌신적으로 돈을 날라다 주는 가장 역할을, 여성 배우자에게는 둥지에 남아 자녀를 보살피는 엄마 역할을 박제하는 것 같다. 게다가 기러기 아빠는 가족과 떨어져 지낸다는 이유로 동정과 연민의 대상이 되지만, 나 같은 기러기 엄마는 흔치도 않을뿐더러 있다 해도 가정보다 일을 우선시하는 엄마로 비칠

뿐이다.

우리 가족이 선택한 방식은 우리에게 허락된 최선일 뿐, 나 또한 '아기 기러기'를 제일 신경 쓴다는 점에서 여타의 엄마들과 다를 바가 없다. 허나 아기 기러기라고 언제까지나 둥지 속 엄마 품에서 아빠가 물어다 주는 먹이만 먹지 않는다. 실제로 기러기 새끼는 짧은 기간에 비행술을 습득해 이동 대열에 당당히 합류한다. 기러기 DNA를 가졌다면 그가 엄마든 아빠든 새끼든 때가 되면 날아올라야 하고, 먼 거리를 안전하게 날기 위해 지혜롭게 비행해야 한다.

나는 우리 집 '아기 기러기'가 무럭무럭 자라 자기 날개로 하늘을 나는 기쁨과 고달픔을 알아 가기를 바란다. 옆에서 나의 손길로 보살펴 주는 시간이 짧더라도 그것이 아이에게 결핍이 되면 어쩌나 불안해하지 않고 종횡무진 자유롭게 날아다니는 엄마의 비행을 보여 주고 싶다. 더 멀리 더 높게, 원하는 만큼 날아도 괜찮다고 말해 주고 싶다. 우린 서로에게 중요한 존재지만 절대적인 존재는 아니라고, 가끔은 떨어져 있으면서 그리워한 시간이 함께 있는 시간만큼이나 우리를 연결해 준다고, 그리고 무엇보다 혼자만의 시간을 보내며 단단해진다고 말해 주고 싶다.

우리 가족이 언제까지 이렇게 지낼 수 있을지는 모르겠다. 우리의 비행이 순조롭다면 당분간 이어질 것이고, 매력적인 중간 정착지가 나타나거나 악천후에 맞닥뜨린다면 고민이 시작될 것이다. 그건 그때 가서 생각해 보려고 한다. 한 가지 확실한 건, 우리에게 어떤 문제가 주어지든 누군가의 희생을 담보 삼지 않고 모두가 행복할 수 있는 방향으로 우리만의 해법을 찾아갈 거란 사실이다.

연애에 관심 많은 아이에게 뭐라고 말해 줄까

이성경

아동청소년과 양육자들을 만나 성교육을 한다.
아이가 연애에 관심을 갖기 시작하며 건강한 관계
맺기에 대한 고민이 깊어졌다.

수업에서 스킨십 경험을 나누다 보면,

뽀뽀나 포옹이 싫을 때조차

"싫다"고 말하지 못하는 어린이들을 만난다.

이유를 물으면 "사랑하기 때문"이라고 답한다

초중고 어디를 가도 성교육 시간에 가장 뜨거운 반응을 얻는 주제는 '연애'다. 성지식이나 디지털 성폭력 예방교육을 할 때와는 확연히 다른 반짝이는 눈빛과 들뜬 표정들 덕분에 나도 시간 가는 줄 모른다.

공부에 방해가 될 연애를 굳이 교육해야 하느냐고 걱정하는 양육자들도 있다. 그러나 이미 교실 안에서는 누가 누구를 좋아하는지 서로 궁금해하고, 누가 누굴 좋아한다며 놀리기도 하고, 실제로 사귀고 헤어지는 일이 일어난다. 때로는 사랑과 이별의 과정에서 심각한 문제가 발생하고, 학교폭력 사안으로 발전하기도 한다. 어떤 아이는 고백을 거절당했다는 이유로 상대에게 욕설을 퍼붓거나 사실이 아닌 소문을 퍼뜨리며 괴롭힌다. 연애 중 찍은 사진을 유포하거나 원치 않는 스킨십을 강요하는 일도 발생한다. 100일을 기념해 스킨십을 하자고 메시지를 주고받고는 서로가 생각한 스킨십의 정도가 달라 성폭력 사안으로 이어진 경우도 있다. 구체적인 합의와 소통이 아닌 두루뭉술한 표현이 결국 오해와 폭력으로 번진 것이다.

특히 안타까웠던 사례는 서로 합의해 '연애 계약서'를 작성하고, 그 약속을 지키지 않았다는 이유로 신체적 폭력을 행사한 경우였다. '다른 이성친구와 말 섞지 않기' 같은 조항을 만들며, 서로만을 바라보는 것이 '진짜 사랑'이라고 믿었던 것이다.

직접적으로 연애에 관심을 드러내지 않더라도 아이들은 또래문화 속에서 자연스럽게 사랑과 관계를 배워 가고 있다. 연일 보도되는 교제폭력 관련 뉴스도 심각해, 이제는 학교 쪽에서 먼저 연애를 주제로 수업을 요청하는 경우도 많아졌다. 건강한 관계 맺기 역량은 저절로 키워지는 것이 아니다. 사랑과 우정의 차이, 구체적인 사례, 서로 다른 몸에 대한 지식, 소통하는 방법 등 단계별 교육이 필요하다.

초등학교 4학년과 6학년, 두 남매가 있는 우리 집도 예외는 아니다. 첫째의 최애곡은 이영지의 〈스몰 걸 Small Girl〉이다. "큰 목소리, 큰 웃음소리, 강한 성격을 가진 나도 사랑해 줄래?"라는 가사가 집안 가득 울려 퍼진다. 키, 외모, 옷차림에 부쩍 신경을 쓰고 동생과 나누는 대화의 내용도 달라졌다. "K가 너 좋아한다고 소문났던데, 진짜야? 사귈 거야?", "솔직히 누구 좋아해? 나한테만 말해 줘, 비밀로 할게" 같은 말들이 장난처럼 오간다. 누군가를 향한 관심과 사랑의 마음이 싹트고 있음이 느껴진다.

온 가족이 도란도란 이야기를 나누던 어느 밤, 아이들이 나에게 첫사랑 이야기를 들려 달라고 청했다. 누가 먼저 어떻게 고백했는지, 어떤 데이트를 했는지, 뽀뽀와 키스는 뭐가 다른지, 왜 헤어졌는지, 헤어진 뒤 마음은 어땠는지. 숨 돌릴 틈도 없이 쏟아지는 질문에, 남편과도 나눈 적 없던 첫사랑의 기억을 꺼내 놓게 됐다. 남편 곁에 누워 자식들과 옛사랑의 기억을 공유하게 될 줄이야. 민망하고 어색해 그만 묻고 자라는 말이 목구멍까지 올라왔지만 진심이 담긴 사랑의 질문들을 외면할 수는 없었다. 첫사랑 이야기를 들려주면서, 연애를 처음 시작하는 아이들에게 필요한 것은 무엇일까, 어떤 관계의 기준을 세워 줄 수 있을까, 구체적으로 고민하기 시작했다.

우리 집의 사랑은 어떤 모양인가?

사랑은 '친밀한 관계 맺기'다. 책이나 영화에서 그려지는 사랑은 종종 과장이거나 현실과는 다른 판타지일 수 있다. 일시적으로 다짐이나 선언은 멋지게 할 수 있지만, 그것을 관계 안에서 지속적으로 실천하는 일은 전혀 다른 차원이다. 집은 친밀한 관계 맺기를 연습하기에 가장 좋은 장소다. 사랑이란 말을 넘어서, 사랑을 어떻게 실천하며 살아가는지를 아이는 집 안에서 관찰하고 자신만의 태도와 습관을 만들어 간다.

오랫동안 우리 사회는 권위적이고 폭력적인 사랑을 '박력 있다'거나 '과감하다'는 식으로 포장하고 미화해 왔다. 드라마 속 연인은 벽을 치고 손목을 휘어잡으며 마음을 표현했고, 가정에서는 '사랑의 매'라는 말로 체벌을 정당화했다. 또 다른 사랑은 희생과 헌신이었다. 사랑하는 사람을 위해 자신을 지우고 모든 것을 내어주는 것이 진정한 사랑이자 가장 아름다운 사랑이라고 믿었다.

다행히 세상은 많이 달라졌다. 학교에서 수업을 하다 보면 다정한 분위기 속에서 살아가는 아이들이 대부분이다. 요즘 아이들은 가정 내 폭력을 목격하면 112에 신고할 수 있고, 엄마들도 침묵하거나 희생하는 사랑의 아이콘이 되기를 거부하며 당당하게 목소리를 내고 있다. 아빠들도 "사랑해"라는 말을 쉽게 꺼내고 다양한 방식으로 애정을 표현하려 노력한다.

그렇다면 이렇게 달라진 가정환경 안에서 아이들은 어떤 사랑을 배우고 있을까? 수업에서 스킨십 경험을 나누다 보면, 뽀뽀나 포옹이 싫을 때조차 "싫다"고 말하지 못하는 어린이들을 만난다. 이유를 물으면 "사랑하기 때문"이라고 답한다. 나를 많이 사랑하는 사람들이니까 어쩔 수 없다고, 싫다고 하면 어른들이 서운한 표정을 보이거나 "너를 얼마나 사랑하는데 뽀뽀도 못 하게 하냐"며 삐지니까, 자신의 감정을 말하기보다는 원하는 대로 해 주는 것이 낫다고 한다. 처음에는 침이 묻는 것도 싫고, 담배 냄새도 싫고, 까칠한 수염도 싫었지만 이제 적응돼서 괜찮다고 웃기도 한다.

친밀한 관계일수록 거절이 더 어렵다. 낯선 사람이나 덜 친한 사람이 불편하게 선을 넘으면 비교적 즉각적으로 반응하고 거리두기를 할 수 있지만, 사랑하는 사람에게는 마음을 상하게 할까 봐, 관계가 틀어질까 봐 거절을 삼키게 된다.

그렇게 배운 경계 없는 사랑은 "사랑하는데 스킨십도 못 하게 해?", "사랑하는 나를 위해 그 정도도 못 해 줘?", "사랑하면 다 해 줄 수 있는 거 아니야?" 같은 정서적 폭력으로 이어질 수 있다. '열 번 찍어 안 넘어가는 나무 없다'는 속담이 무서운 이유는 일방적인 사랑을 미화하기 때문이다. 이 말은 사랑하는 마음이 크다면 상대의 거절을 열 번 무시해도 괜찮다는 인식을 심어 준다. 요즘 학생들은 상대의 기분이나 상황을 고려하지 않고 거절이 어려운 분위기를 조장하는 공개 고백이나 반복적인 고백을 '최악의 고백'으로 꼽는다. '안전 이별'이라는 말이 따로 필요할 정도로, 거절에는 큰 위험이 따른다.

폭행과 폭언이 폭력의 기준이던 시대는 지났다. 이제는 새로운 시대에 걸맞은 새로운 기준이 필요하다. 친밀한 관계 안에서 '사랑'이라는 이름 아래 감춰진 보이지 않는 폭력을 인식할 수 있어야 한다. 아이들은 싫은 것을 싫다고 말할 수 있어야 한다. 특별한 용기를 내지 않아도 솔직한 감정을 표현할 수 있고, 거절과 협상이 자연스러운 관계가 곧 안전한 사랑의 토대가 된다는 것을 배워야 한다.

아이가 내게 거절을 표현할 때마다 "원하는 걸 말해 줘서 고

맙다"라고 말하는 연습을 하고 있다. 한번은 내가 수학학원을 권했더니 아이가 단번에 거절하며 댄스학원에 보내 달라고 했다. 내 계획에 없던 이야기라 당황했지만 결국 아이의 뜻에 따르고 있다. 그 누구보다 아이를 사랑한다는 이유로 내 뜻대로 강요하고 싶은 순간이 많지만, 아이가 원하는 삶을 아이의 자리에서 함께 고민하려 한다.

편집당하지 않는 조연 되기

아이 주변에 사귀는 커플이 있다. 그런데 커플 중 한 친구 집에서 "연애는 절대 안 된다"며 빨리 헤어지라고 강요했다고 한다. 결국 둘은 헤어진 척을 했지만 집에서 카카오톡 메시지가 들통나 더 크게 혼났다. 이후 부모의 통제와 감시는 더 심해졌고, 아이들은 더욱 치밀하게 연기하며 은밀한 방식으로 비밀 연애를 이어 가고 있다. 시간이 갈수록 친구의 연기력이 늘고 있다는 아이의 이야기를 듣다 보니 나도 모르게 작은 한숨이 나왔다. 누군가를 사랑하는 마음을 들키면 안 되는 1순위가 부모라니. 부모에게 연애 들키지 않는 법이 마치 대단한 연애의 기술처럼 공유되는 현실이 안타깝다.

"그 친구 집에서는 혹시나 연애 과정에서 실수하거나 상처받을까 봐, 위험해질까 봐 걱정돼서 연애를 못 하게 하는 걸거야."

"그럼 연애를 잘할 수 있게 알려 주면 되는 거지, 왜 못 하게 해?"

나도 아이 생각에 고개가 끄덕여졌다. 비밀 연애는 더 위험하다. 연애 중에 고민이나 어려움이 생겨도 집에 도움을 청할 수 없기 때문이다. 심지어 "연애 사실을 부모에게 알리겠다"는 말이 협박으로 쓰이기도 한다. 연인 간 교제폭력이 아니더라도, 단지 사귄다는 이유만으로 나쁜 소문이 퍼지거나 친구들에게 괴롭힘을 당할 수 있는데, 이런 상황에서는 대응력이 더욱 떨어진다. 아이가 연애에 무관심하기를 바라는 부모의 마음은 아이를 보호하려는 의도에서 비롯되지만, 모순적이게도 위험에 빠진 아이를 더 깊은 고립 속으로 밀어 넣는다.

비밀 연애를 막고 아이가 느끼는 사랑의 감정에 죄책감을 주지 않으려면 어떻게 말해야 할까?

"네가 주인공인 로맨스 드라마에 조연으로 함께하고 싶어. 첫사랑은 소중하잖아. 너의 연애에 방해되는 악역은 절대 하지 않을게. 네 연애는 너의 선택이고, 너의 역사야. 현실의 연애가 언제나 해피엔딩은 아닐 거야. 행복한 순간은 함께 기뻐하고, 슬픔은 곁에서 위로하며, 언제나 너의 사랑을 응원할게. 혹시 힘들거나 위험한 순간이 온다면 숨기지 말고 꼭 엄마를 불러 줘. 엄마는 언제든 네 편이 되어 줄 거야. 네가 어떤 선택을 하든, 그 길이 어떻게 끝나든, 나는 늘 네 편이야."

내 경우엔 아이의 연애 과정 전부를 알고 싶은 욕심은 내려놓고, 가끔이라도 등장시켜 달라고 부탁했다. 이래라저래라 지시하고 판단하는 사람이 아니라 곁에서 응원하고 지지하는 안전한 주변인이 되겠다는 다짐도 전했다. 아이에게 필요한 건 비난이나 통제가 아니다. 사랑의 기쁨을 맘껏 표현하고 고민이 있을 때는 언제든 믿고 이야기해도 된다는 확신이다. 아이가 사랑의 설렘을 숨기고 몰래 데이트하며 들킬까 봐 가슴을 졸이고, 집에서는 아무 일 없는 듯 연기한다면 그것만큼 슬픈 일도 없을 것이다.

아이가 친구들의 연애를 편견 없이 바라보기를 바라는 마음도 있다. 그래서 아이 친구들의 연애에 대해 의도적으로 긍정적인 신호를 보낸다. 학교 안에서 연애를 부정적으로 인식하는 일부 친구들은, 연애에 관심 있는 또래를 향해 '여미새', '남미새'와 같은 혐오 표현을 쓰며 뒷담화를 하곤 한다.[1] 이는 심각한 폭력이자 갈라치기의 문제다. 혹시라도 내 안의 부정적인 인식이 아이에게 전해져 "학생이 무슨 연애야?"라는 식의 냉소적인 태도로 친구들을 비난하거나 조롱하게 될까 걱정된다.

아이는 시행착오 속에서 성장한다. 부모의 시선이 불안과

---

1 여미새/남미새: '여자 또는 남자에 미친 새끼'의 줄임말. 이성에게 친절하거나 잘 보이려는 사람을 비하하고 조롱할 때 사용되는 혐오 표현이다.

염려로만 채워진다면, 아이는 자신의 감정을 숨기고 더 큰 위험을 홀로 감당하려 할지 모른다. 연애를 막는 대신 오히려 연애 안에서 지켜야 할 경계와 존중을 자연스럽게 이야기해 주는 것이 더 확실한 보호이자 양육이다.

집에서 자신의 연애가 진심으로 응원받고 있다는 확신이 쌓일 때, 부모는 아이의 기쁨과 슬픔을 함께 나누는 든든한 조력자가 될 수 있다. 나는 아이가 주도적으로 만들어 가는 로맨스 드라마에서 편집당하지 않고 끝까지 등장하는 조연이 되고 싶다. 아이가 가끔이라도 사랑과 이별의 과정을 내게 들려준다면 고마운 마음으로 마주 앉아 호응하고, 데이트 비용에 쓰라고 용돈을 쥐여주며 안전한 울타리가 되어 주는 것, 그것까지가 나의 역할이다.

온 가족이 굴리는 사랑의 수레바퀴

가족들이 모두 모인 휴일, 식탁 위에 큰 종이를 펼치고 수레바퀴를 그렸다. 중심에는 '사랑'이라는 단어를 적었다. 그 사랑이 잘 굴러가기 위해 필요한 바퀴살을 여덟 칸으로 나누고, 각 칸에 '사랑의 핵심 키워드'와 구체적인 장면을 써넣는 활동을 했다.

친밀한 관계 내 폭력이 어떻게 구조화되어 관계 전체를 지배하고 파괴하는지를 보여 주는 '권력과 통제의 수레바퀴'를 정반대로 만들어 본 것이다.[2] 폭력의 수레바퀴가 힘과 통제를 중심에 두고 관계를 서서히 무너뜨리는 구조라면, 우리가 만드는 수레바퀴는 사랑을 중심에 두고, 관계를 건강하게 성장시킨다.

"우리 가족이 함께 굴리며 살아갈 사랑의 수레바퀴를 만들어 볼 거야. 건강한 관계에 꼭 필요한 여덟 가지를 발견해서 서로 공유하는 거지. 예를 들면 존중이 꼭 필요하겠지? 그럼 여기에 '존중'이라고 쓰고, 아래에는 언제 존중을 느끼는지 구체적으로 써 볼 거야. 우리 집에서 존중받는다고 느끼는 순간은 언제야?"

"내 이야기를 중간에 끊지 않고 끝까지 들어 줄 때!"

"옷이나 신발을 엄마가 사지 않고 내가 직접 고를 수 있게 해 줄 때! 외식 메뉴나 여행지를 고를 때도 우리가 선택할 수 있게 물어봐 주니까 존중받는다고 느껴."

"내가 좋아하는 딸기를 다 먹지 않고 남겨 두었을 때!"

이런 식으로 대화를 나누며 대형 수레바퀴를 완성했다. 존

---

2 권력과 통제의 수레바퀴는 중심에 권력과 통제가 자리하며, 바퀴살 위치에는 이를 강화하기 위한 여덟 가지 폭력의 방식이 들어간다. ① 정서적 학대: 심리적으로 위축시키는 것. ② 고립: 사회적 관계를 차단해 고립시키는 것. ③ 경제적 통제: 경제적 자원을 통제해 독립성을 제한하는 것. ④ 위협: 협박하거나 공포를 조성하는 것. ⑤ 책임 전가: 폭력을 축소하거나 부인하고 피해자에게 책임을 전가하는 것. ⑥ 성역할 강요: 전통적 성역할을 강요하고 권위를 내세우는 것. ⑦ 자녀 이용: 자녀를 통제 수단으로 이용하거나 협박하는 것. ⑧ 남성특권 이용: 주요 의사결정을 독단적으로 내리는 것. 수레바퀴의 가장 바깥 테두리에는 눈에 보이는 신체적 성적 폭력이 있다.

중, 배려, 거절, 신뢰, 믿음, 칭찬, 약속, 스킨십이 대표 키워드로 나왔다. 더불어 용기, 사과, 공감, 즐거움, 독립성, 다정한 말투, 책임, 평등, 양보, 이해, 지지, 좋은 추억, 인사, 미소 등도 나왔다. 사랑을 단단하게 지탱하는 말들은 대부분 추상적이다. 이 활동은 말이 아닌 행동으로 사랑을 정의해 보는 과정이다.

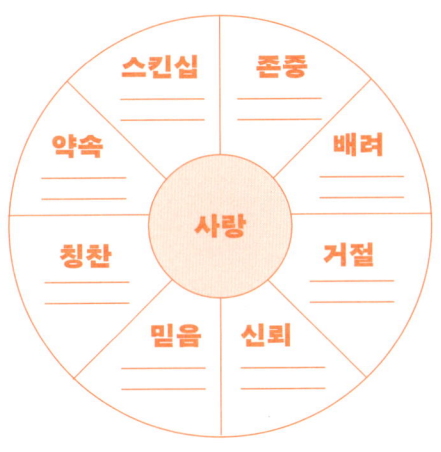

아이들은 질문을 통해 스스로 생각한다. "사랑한다는 말은 뭘 한다는 걸까?", "나는 언제 사랑을 느끼지?" 이야기를 나누는 사이, 아이들이 생각하는 사랑의 기준과 폭력의 경계가 자연스럽게 드러났다. 우리가 미처 인식하지 못했던 보이지 않는 폭력, 그리고 그 반대편에 놓인 보이는 사랑의 모습을 함께 발견하면서 서로를 알아 가는 시간이었다.

사랑이란 결국 무엇이 소중한지를 함께 말하고, 그 마음을 일상에서 실천하는 일이다. 사랑을 구체적으로 알고, 연습하고, 행동으로 옮기는 것. 그것이 진짜 사랑을 배우는 길이다. 우리 집 안에서부터 함께 굴려 가는 이 사랑의 수레바퀴가, 아이들의 사랑을 더 크고 단단한 사랑으로 이끌어 주리라 믿는다.

속 깊은 대화 없는 우리 가족, 이대로 괜찮을까

하지

경상도에서 자란 탓일까. 끊임없이 대화하며 다정한 분위기를 연출하는 다른 가족을 보면 우리도 저래야 하나 걱정이 드는 한편, 꼭 그래야 하나 거부감도 든다.

가족은 내가 타인과 얼마나 다른가를

긴 시간에 걸쳐 깨우쳐 주는 존재가 아닐까.

그런데도 계속해서 함께하는 힘은

어디서 생기는지 궁금하다.

얼마 전 친구들과의 카카오톡 대화방에서 배우자와 가장 최근에 나눈 톡이 무엇인지 공유하는 대화가 있었다. 나의 경우 배우자와의 카톡은 일정 공유나 저녁 메뉴 의논이 대부분이라 대화다운 대화를 찾기 어렵겠다고 생각하며 스마트폰을 확인했다. 역시나 그랬다. 그렇다고 그 사실에 초조하거나 불안감을 느낄 시기 또한 지나 버려서, 그저 나를 빌미 삼아 한바탕 친구들을 웃기거나 위로했다는 사실에 만족했다. 깨 볶는 대화는 아니더라도 대부분 문장으로 이루어진 대화를 나누는 친구들과 달리, 나와 남편의 최근 카톡은 "대파"와 "ㅇㅇ"였던 것이다. 카톡창을 위로 꽤 길게 스크롤해 보아도 문장으로 이루어진 대화는 없었다.

배우자와 나눈 가장 최근의 휴대폰 메시지는

나의 배우자는 원래도 말이 없는 편이다. 질문도 내가 하고 가끔은 답도 내가 한다. 그래도 휴대폰을 붙들고 두세 시간씩 통화하던 때가 있었다는 사실을 상기하면, 연애라는 마법의 효험이 대단했음을 깨닫는다. 그때 우리는 무슨 대화를 했을까? 500개 단어 정도만 말하는 남자와 어떤 말들을 주고받았지? 나도 말이 없는 편이라 지금으로서는 그 시절이 상상이 잘 안 된다.

얼마 전 영화 '비포 시리즈'가 재개봉을 했다. 전편을 다시 보니 처음 이 영화를 보던 때와 지금 내 삶이 완연히 달라졌다는 것이 실감났다. 예전에는 영화 속 남녀 주인공의 대화 랠리를 보며 나 역시 제시(이선 호크 분)와 셀린(줄리 델피 분)같이 서로의 영혼을 채워 주는 소울메이트를 만나리라 기대했었다. 로맨스 영화의 뻔하디뻔한 낭만적 연애를 꿈꾼 것도 아니고, 그저 말이 통하는 상대를 원하는 내가 참 소박하다고 생각했다. 10년이 훌쩍 흐른 지금, 그때의 내 바람이 전혀 소박한 소망이 아니었음을 안다. 대화 잘 통하는 배우자 만나기는 원대한 꿈이었음을. 배우자 역시 나와 같은 생각을 할지 모른다. 그가 원하는 아내상 역시 지금의 나와 이억만 년은 멀리 떨어져 있을 것이다.

벽 같은 배우자와 사는 게 답답하지 않냐고 묻는 사람들이 있다. 무뚝뚝함은 경상도인에 대한 편견일 수 있겠지만 내가 쌓아 온 30여 년의 데이터에 따르면 그것은 편견이 아니라 사실에 가깝다. 나의 아버지, 시아버지, 남편, 주변 남성들 모두 대화를 잘하는 사람이 아니다. 그렇기 때문에 나에게는 속삭임이 없는 부부의 모습이 기본 값이었다. 사근사근한 대화를 하는 부부가 오히려 상상이 잘 안 된다. 가끔 배우자의 말에 단물이 느껴지면 속이 울렁거리며 몸이 먼저 거부반응을 보인다. 대화, 특히 가족 간의 대화라는 것을 미디어로만 배워 와서 그럴지도 모른다. 아니면 내가 대화의 정의를 오해하고 있거나 그것에 환상을 가지고 있는지도 모르겠다.

서로의 마음을 대화로 전달할 줄 모르는 나와 배우자는 이런저런 오해를 했다가 풀었다가 하면서 13년을 함께하고 있다. 그러니 카톡의 마지막 대화가 "대파"인 것이 나에겐 이상하지 않다. 그런데 정말 이대로 괜찮은 걸까?

좋아하는 것을 좋아하자

첫째를 키우면서, 좋은 엄마가 되고 싶은 마음을 앞세워 아이의 주변 환경을 통제했다. 그림책 하나, 장난감 하나도 교육적이어야 한다는 생각에 허투루 사지 않았다. 예술적 감수성을 키워 주기 위해 아이가 별달리 흥미가 없는데도 미술 전시회에 데려갔고, 책을 좋아하지 않는데도 도서관에 데려갔다. 이 모든 게 아이에게 이로울 것이라 판단했다. 이런 활동을 하지 않으면 직무유기가 된다고 생각했다. 훗날 교양인으로 자란 아이와 우아하게 대화할 수 있기를 바랐다. 정작 아이가 진심으로 흥미를 느끼는 것이 무엇인지에 대해서는 관심을 두지 못했다.

첫째 아이는 이런 나의 통제 속에서 초등학생이 됐다. 내 예상대로라면 교양과 지식을 두루 갖춘 첫째와 나 사이에는 즐거운 대화가 끊이지 않아야 하지만, 실제로는 내 질문에 단답이라도 돌아오면 다행인 현실을 살고 있다.

둘째를 키우면서는 좋은 부모 역할을 내려두고 아이가 좋아하는 것을 좋아하도록 내버려두었다. 자기 전에 책을 읽어 주는 기본적인(?) 역할도 건너뛰는 날이 많았다. 아이러니하게도, 둘째는 나와 성향이 비슷해서인지 노력하지 않아도 관심사가 겹쳤다. 아마도 나에게 있어 '대화'라는 걸 그나마 기대해 볼 만한 구성원이 둘째가 아닐까 싶다.

최근 두 아들은 서로만 아는 이야기로 대화한다. 이제 아이들과 멀어져 버린 것 같아 가끔 서운함이 밀려온다. 아이들의 생활이 궁금한데 아이들은 나의 질문들을 귓등으로 듣는다. "학교에서 뭐 했어? 오늘 급식은 어땠어?"라고 물으면 두 문장 이상 대답한 적이 없다. 생각해 보면 나 역시 어릴 때 학교에서 뭐 했냐는 질문에 심드렁했다. 부모와 자식 간의 대화는 원래 신기루 같은 것일까? 이런 생각이 엄마인 나에게 노력하지 않아도 된다는 핑계를 주는 것은 아닐까? 게다가 나는 엄마가 되기 전부터 어린이와 대화하는 것이 어려웠다. 엄마가 되고 나서도 힘든 건 마찬가지다. 아들들과 내가 친해지기는 어려울 것 같다. 이대로 괜찮을까?

그럼에도 계속해서 함께하는 힘

임신과 출산을 겪고 엄마가 되는 경험을 했다. 분명 나 아닌 존재와 가장 깊숙이 연결되는 경험이기는 했지만, 타인을 완벽하게 이해하는 능력이 주어지진 않았다. 사랑하는 것과 이해하는 것은 분명 다르다. 그럼에도 가끔 둘을 혼동하곤 한다. 아이들을 사랑하지만 나라고 아이들의 마음을 완전히 알지는 못한다. 남편과는 13년을 함께하고 있지만 가치관이 서로 다르다. 가족은 내가 타인과 얼마나 다른가를 긴 시간에 걸쳐 깨우쳐 주는 존재가 아닐까. 우리는 끊임없이 다름을 확인하고 실망한다. 그런데도 계속해서 함께하는 힘은 어디서 생기는지 궁금하다. 사랑과 애정이라는 그럴싸한 이유를 댈 수도 있겠지만 무슨 이유로든 결국 우리는 함께할 수밖에 없는 존재이기 때문이 아닐까.

평생 남편 때문에 고생하던 아내가 남편의 병수발까지 들다가 마지막에는 그를 용서하는 윗세대 어머니들의 이야기가 익숙하다. 책이나 TV에서 이런 사연들을 볼 때마다 의문이었다. 그렇게 긴 세월 쌓인 증오가 용서함으로써 진짜 풀렸을까. 나는 어머니들의 그 용서가 이해되지 않았다. 가슴앓이와 고생의 원인이었던 가족을 비난하면서도 가족을 품어야 한다는 생각이 싫었다. 그러나 내가 본 사연 속에서는 한 사람의 인생이 막을 내리는 순간, 그동안의 실수조차 추억으로 미화되었다.

반발심이 드는 이런 이야기들이 내 안에 어느 정도 누적되자 언젠가부터 평생 대화다운 대화를 나누지 못한 채 살아온 가족들이 서로를 측은히 여기는 모습을 조금씩 이해하게 되었다. 드라마의 뻔한 결말처럼, 우리의 인생에도 결국 그런 슬픈 클리셰가 존재한다는 것을 인정하고 싶어졌다. 행복한 순간은 그리 길지 않으며, 아름다운 추억이 될 만한 순간도 손에 꼽을 만큼 적다는 사실을 어렴풋이 깨닫게 되면서, 타인의 삶을 쉽게 평가하는 것이 얼마나 오만한 일인지 알 수 있었다.

언제부턴가 남편에게 공통의 취미를 가지자는 말을 덜 하고 있다. 서로 함께하는 취미가 있어야 오래오래 부부 사이가 평화롭다고들 하니까, 나도 남편과 좋아하는 것을 함께하고 싶었다. 그러나 아쉽게도 우리 부부에게는 그런 취미를 만들려는 열정이 별로 없다. 언젠가 그러려는 마음이 들지도 모르겠지만 지금은 각자가 즐기는 것을 하고 싶다. 지금 내가 충분히 만족스럽고 남편도 마찬가지기 때문이다. 우리의 대화가 서로의 마음을 울리지는 않지만 그렇다고 서로의 존재를 소중하게 생각하는 마음이 없다는 의미는 아니니까. 그의 존재로 내 마음이 든든하니까. 내가 일상의 전쟁터에서 힘겨운 싸움을 하고 돌아오는 곳은 남편과 아이들이 있는 집이다. 그런 집이 꼭 사랑이 흘러 넘치는 곳이어야만 하는 것은 아니다. 나의 마음을 흔들어 놓지 않는 평온함도 충분히 좋다.

사과와 텀블러, 아침 인사

등교와 출근으로 바쁜 아침, 남편은 아이들의 물통을 씻어 두고 못다 한 설거짓거리를 식기세척기에 넣는다. 아침잠이 많은 나를 위해 아이들이 먹을 사과도 미리 깎아 두고 나간다. 남편이 출근하면 나는 아이들을 깨우고 서둘러 아침을 준비한다. 메뉴는 주먹밥과 토스트로 간단하게. 아이들이 초등학생이 되니 손이 덜 가는 것이 좋으면서도 서운하다. 서운함에 깊이 젖어들기 전에 "빨리 옷 입어, 책가방 챙겨, 과자는 학교 갔다와서 먹어"라는 잔소리로 다시 덤덤함을 찾는다.

아주 가끔, 출근한 남편에게서 메시지가 와 있을 때도 있다. "사과 챙겨 먹어", "오늘 비 온다", "텀블러 세척 깜박했어"와 같은 말들이다. 별 의미 없는 이런 말들이 출근을 앞둔 긴장감을 풀어 주고 불안함을 희석시킨다. 한편 아이들은 끊임없이 하던 일을 멈추며 희희낙락이다. 그러면 나는 빠른 등교를 위해 행동 하나하나를 지적하며 열을 냈다 식혔다 반복한다. 이 짧은 아침의 번잡함이 지나고 나면 각자의 전투를 마치고 저녁에야 만나게 될 것이다.

드디어 아이들이 등교 준비를 마치고 현관 앞에서 신발 신기만 남겨 두고 있다. 방금 전까지 잔소리로 씩씩대던 목소리가 금세 한 톤 더 높아진다. 자기 몸만 한 책가방도 모자라서 태권도

가방까지 두 개를 메고 힘겹게 신발을 신은 둘째가 귀여우면서도 안쓰럽다. 첫째는 어떤가. 그런 동생을 챙기느라 어린 얼굴에 책임감이 묻어 있다. 나는 오늘 하루 중 분명 제일 밝을 얼굴로 인사한다. "잘 다녀와"라고. 아이들도 인사한다. "엄마, 갔다올게."

매일 똑같은 인사로 시작하는 하루지만 그 순간 뭉클하다. 하지만 그것도 찰나. 뒤돌아서 나 역시 나의 일터로 향한다. 가족들 모두 각자의 일상을 시작한다.

모든 것을 털어놓는 사람이 꼭 부모여야 할까

김진

공공기관에서 정규직, 비정규직, 파견직을 합쳐 3천여 명의 인사관리를 담당한다. 일터에서 느끼고 배운 것에 대해 글로 쓰고 나누고 싶다. 매일 조금씩 나은 어른이 되는 길에 대해 고민한다.

다른 곳으로 이직한 직원과 어렵게 연락이 닿아

참고 진술을 요청했을 때, 그는 주저하며 물었다.

"제가 도움이 될까요?"

나는 힘주어 답했다.

"당신이 증언했다는 사실만으로도

신고인에게는 큰 힘이 될 거예요."

마음이 힘들 때마다 꺼내 읽는 책이 있다. 강석희의 《꼬리와 파도》다. 이 책은 스쿨 미투 사건을 다룬 청소년 성장소설이다. 또래로부터, 교사로부터 이런저런 형태의 성폭력을 당했던 주인공 무경과 그의 친구들이 연대해 사건을 해결하는(정확히는 맞서는) 과정을 담고 있는데, 프롤로그를 읽고 나면 항상 기운이 난다. 성인이 되어 체육교사로 일하게 된 무경은 학교에서 비슷한 일을 겪은 제자들이 자신에게 도움을 요청해 오자 이렇게 말한다.

"잘 찾아왔어, 제대로 찾아왔어."

고민을 숨기는 아이들

통계청의 '2024년 사회조사 보고서'에 따르면, 청소년들이 주로 고민상담을 하는 대상은 친구이며(40.7퍼센트), 그다음은 어머니다(29.6퍼센트. 참고로 아버지는 4.6퍼센트다). 안타까운 사실은 스스로 해결하는 비율이(17.1퍼센트) 세 번째로 높다는 점이다. 정말로 문제를 해결했다기보다 아무 이야기도 하지 않고 넘어가거나 힘들어도 그냥 내버려뒀을 공산이 크다. 선뜻 말하기엔 어렵고 무거운 주제일 수도 있고, 털어놓는다고 나아지거나 해결될 문제가 아니라고 생각해서일 수도 있다. 가까운 사이라 해도 나의 약점이나 부끄러운 이야기를 솔직히 드러냈을 때 상대가 어떻게 나올지 알 수 없기 때문에 그 불확실성이 마음의 문을 닫게 할 가능성도 높다.

자신의 아픔이나 상처를 날것 그대로 꺼내 보이는 사람의 마음은 무엇으로 이루어져 있을까. 그리고 그 이야기를 귀 기울여 들으려는 이의 마음은 얼마나 단단해야 할까. 오랫동안 이런 것들이 궁금했다.

돌이켜 보면 나 역시 스스로 해결하는 청소년 쪽에 가까웠다. 유년기와 청소년기 내내 나는 사소한 실수에도 쉽게 분노하고 체벌을 하며 가족 모두를 긴장시키던 우리 집 '가부장' 때문에 언제나 살얼음판을 걷는 기분이었다. 자기 생각만 한다고, 어른 말을 듣지 않고 말대꾸를 한다고, 버릇이 없다고 자주 혼나고 매 맞았다. 어린 시절 내 일기장에는 3일 걸러 한 번씩 다양한 이유로 스스로를 탓하고 잘못을 고하는 반성문이 적혀 있다. 모범적인 자식이 돼야만 인정받고 사랑받을 수 있다고 생각했다. 미숙한 실수투성이의 어린이가 원했던 건 "괜찮아, 그럴 수 있지" 같은 위로의 말이었지만, 주위 어른에게 들었던 말은 "너는 왜 그렇게 조심성이 없니", "네가 잘못한 거야" 같은 낙인 찍는 말이었다. 자연히 실수를 할 때마다 부모의 눈치를 봤고, 나쁜 일이 생기면 비난과 책임의 화살이 돌아올까 봐 입을 닫았다.

나는 열 살 무렵 심부름을 가다가 길을 묻는 남자 어른에게 성폭력을 당한 경험이 있다. 매일 오가는 집 근처 상가의 화장실에서였다. 안전교육, 성교육은 고사하고 도덕 시간이면 웃어른을 공경해야 한다고 배우던 때였다. 무언가 엄청나게 끔찍하고 나쁜 일을 당했다는 인식은 있었으나 당시에는 그걸 뭐라고 불러야 하는지조차 제대로 알지 못했다. 당연히 주위 어른들에게 도움을 요청해야 한다는 생각도 하지 못했다.

TV와 같은 각종 대중매체를 통해 접하는 여성에 대한 고정적인 이미지 또한 나의 침묵에 일조했다. 2차 성징을 거치면서 변해 가는 몸이 나를 더 위험하게 만들 수도 있고 동시에 남성을 유인할 수도 있다는 사실을 희미하게 알고 있었고, 그럼에도 여성에게 아름다운 외모가 요구된다는 걸 인지하고 있었다. TV에 출연한 성폭력 피해 여성은 가려진 얼굴과 변조된 목소리로 표현됐고 낮은 조도의 방에 앉아 있어 오히려 죄 지은 사람처럼 보였다. TV 밖에서도 성폭력과 관련된 일이라면 수근거림, 시선, 소문이 난무했다. 그랬기에 나 또한 내가 겪은 일을 입밖으로 낼 수 없었다. 스쳐 지나가는 장면 하나, 몇 마디의 말뿐이었지만 한창 감수성이 예민한 시기의 나를 서서히 병들게 했다.

성교육 시간에도 '여자는 몸을 버리면 안 된다, 몸조심을 해야 한다'는 류의 이야기를 반복해서 들었고, 여고 시절에는 성교육이라는 명목으로 혼전순결 서약을 강요받았다(나는 하지 않았다). 죄책감에 자학이 더해졌다. 아무 일도 없던 것처럼 묻어두고 숨긴 채 스스로를 속이면서 지내다가도, 문득 분노가 치솟으면 어디로 향해야 될지 모르는 칼끝이 다시 나를 겨눴다.

중고등학교 시절 친구의 대담한 연애담을 들을 때면 부러운 한편 공포심을 느꼈다. 속으로는 '학생이 본분은 안 하고 연애질하다 인생 망치지' 같은 저열한 마음을 갖기도 했다. 대학 시절 친구가 사귀던 사람과의 원치 않는 관계로 중절수술을 했다고 고백했을 때는 무슨 말을 해야 할지 몰라 그냥 듣고만 있었다. 조심성이 없었다며 스스로를 탓하는 친구에게 제대로 된 위로의 말 한마디 건네지 못했다. 어디에도 발화하지 못한 내 상처를 숨기는 일에 더 급급했다. 사회초년생 시절 동료에게 성추행을 당했을 때도, 상급자가 악수를 할 때마다 손바닥을 긁었을 때도 이 모든 것이 문제임을 명백히 알면서도 묻어두고 넘어갔다.

가족이라 더 하기 어려운 말

내게 처음 위로의 손길을 내밀어 준 이는 상담치료사였다. 30대가 되어서야 겨우 찾아간 치료실에서였다. 그때 처음으로 그 모든 고통에 내 잘못은 없다는 걸, 그러니 스스로를 비난할 필요도 부끄러워할 이유도 없다는 사실을 깨달았다. 비슷한 경험이나 아픔을 가진 낯선 타인들과 이야기하는 것도 큰 도움이 됐다. 이 세상엔 나와 닮은 여성들이 너무도 많았다. 하나하나의 이야기는 너무 힘든 기억이지만, 함께 있으면 슬픔과 고통도 보편적인 일이 됐다. 그저 솔직히 털어놓는 것만으로도 마음이 가벼워진다는 사실을 처음 경험했다. 어렵게 말을 꺼낸다고 해서 모두의 공감을 받을 수 있는 것도 아니고, 과거의 끔찍한 기억이 없어지지도 않으며, 트라우마와 함께 살아가는 상황이 크게 바뀌지도 않는다. 하지만 적어도 '내가 말할 용기를 내었다'는 사실만큼은 변하지 않는다.

아이러니한 건 지금 이렇게 생면부지의 여러분에게 내 경험을 쏟아 내고 있지만 정작 내 원가족에게는 아무것도 털어놓지 못했다는 사실이다. 아무리 나이를 먹어도 부모 자식 간이기에 꺼내기 어려운 이야기가 있는 모양이다. 그 시절의 부모보다 내가 더 나이를 많이 먹었고, 나의 아이들도 당시의 나보다 한두 살씩 나이를 더 먹었다. 그렇지만 지금은 두려워서가 아니라 가족들이 상처받을까 봐 입을 다문다. 이런 스스로를 들여다볼 때마다 자신의 약함을, 피해를, 혹은 악함을, 잘못을 어디에도 털어놓지 못하고 속으로 삼키는 아이들의 마음이 꼭 과거의 내 모습 같아서 가슴 한편이 짠해 온다.

내가 듣고 싶었던 말을 건네는 어른이 되고 싶다

내가 인사팀에서 성희롱·성폭력 고충상담원[3]으로 일하는 건 어쩌면 숙명 같은 일일지도 모르겠다. 피해자와 가해자, 그리고 주위 사람들을 면담한 내용을 바탕으로 조치 사항과 징계 여부를 판단하고 보고하는 것이 나의 역할이다. 어렵게 찾아와 자기 삶의 가장 연약한 부분, 숨겨 왔던 진실과 상처입은 감정을 털어놓는 이들을 만나면서, 오랜 기간 덮어 두어 곪았던 나의 상처는 여러 번 터지고 아물고 새살이 돋기를 반복했다. 내 목표는 더 많은 사람들이 서툴더라도 자신의 이야기를 꺼낼 수 있도록 안전한 공간을 만드는 것이다. 그래서 떨리는 목소리로 면담을 청하는 이들을 과거의 내가 듣고 싶었던 말로 맞이한다.

"잘 찾아왔어요. 용기내 줘서 고마워요."

"그럴 수 있어요. 괜찮아요."

상사의 불법 촬영을 1년 넘게 견디다가 찾아온 직원이 있었

---

3 〈양성평등기본법〉, 〈남녀고용평등과 일·가정 양립 지원에 관한 법률〉에 따라 모든 사업주는 직장 내 성희롱을 예방하고 근로자가 안전한 근로환경에서 일할 수 있도록 성희롱 예방교육을 매년 1회 이상 실시해야 하며, 성희롱 예방지침을 마련해 게시하고 피해 근로자에 대한 고충 상담 및 구제 절차를 실시해야 한다. 특히 국가기관 및 지방자치단체, 학교 및 유치원 어린이집, 공공기관의 경우에는 성희롱·성폭력 고충상담원을 별도로 지정하여 전문교육을 의무적으로 이수하고 운영해야 한다. 직장 내에서 발생하는 성희롱·성폭력 사건의 경우, 경찰서나 고용노동부에 직접 신고하는 것도 방법이나 통상적으로는 사내 처리 절차를 병행 진행하거나 선행하도록 권고한다. 한편, 가정이나 일상생활 중 발생하는 성폭력 사건에 대해서는 여성긴급전화 1366센터에 신고 및 상담을 요청하는 것이 좋다.

다. 직장 내 성폭력을 신고할 때는 피해자가 받은 정신적 육체적 피해가 실제로 존재하며 일상을 계속하기 힘든 근무환경이라는 걸 객관적인 자료로 입증해야 한다. 이때 중요한 역할을 하는 것이 바로 곁에 있는 사람들, 함께 일하는 동료들이다.

그 직원 곁에는 함께하는 목소리가 많았는데, 이는 그녀 자신이 주위에 먼저 손을 내밀었기 때문이었다. 어렵거나 힘들 때 도와달라고 솔직히 말하는 것에도 큰 용기가 필요하다는 걸 그 직원을 보며 다시 한번 배웠다. 그 직원은 불법 촬영의 정황이 있을 때마다 자신의 고충을 동료와 지인에게 토로했고, 외부에서도 상담을 받았으며 이 모두를 기록으로 남겨 두었다. 동료들의 눈이 그녀의 CCTV가 되어 주었다.

다른 곳으로 이직한 그녀의 동료와 어렵게 연락이 닿아 참고 진술을 요청했을 때, 그는 주저하며 물었다.

"제가 도움이 될까요?"

나는 힘주어 답했다.

"당신이 증언했다는 사실만으로도 신고인에게는 큰 힘이 될 거예요."

자신이 보고 들은 것을 증언하는 일도 피해를 고백하는 일만큼이나 어려운 법이다. 특히 직장이라는 폐쇄적인 공간에서 벌어진 사건은 신고자, 피신고자, 목격자가 모두 같은 곳에서 일하며 매일 마주칠 수밖에 없기에 더욱 그렇다. 게다가 가해자는 회사를 다닌 지 오래됐거나 어느 정도 위치에서 힘을 갖고 있는 편이고, 피해자는 젊은 여성이거나 비정규직인 경우가 대부분이다 보니 아예 입을 다무는 직원도 종종 있다. 때문에 피해자 곁에서 "널 믿어. 내가 증언해 줄게"라고 말하는 주변 사람들의 용기 또한 박수받을 일이다.

나서기 어려운 상황이라면 피해자에게 "정말 힘들었겠다"고 따뜻한 말 한마디를 건네는 것도 큰 도움이 된다. 누군가의 상처를 알아보고 다독이는 행동 또한 함께 손잡고 연대하는 길이다.

윗사람들에게 조사결과를 보고하다 보면 가해자가 아닌 피해자를 질책하는 듯한 질문을 들을 때가 많다. "왜 그 사람만 피해자가 됐지? 왜 그 사람만 신고한 거야? 너무 예민한 거 아니야? 피해자의 평소 행실은 어땠지? 평소 가해자와의 관계는? 무고하게 가해자를 몰아가는 건 아닌가? 사과하면 끝날 문제 아니야? 어차피 계약직인데 요구사항 들어주고 징계까지 줘야 하나?"

피해자가 애써 봉합한 상처를 후벼 파는 화살이 될 질문을 듣다 보면 정신이 아득해진다. 그럴 때마다 나는 어렵게 용기 내 신고한 이의 곁에서 그의 손을 잡고 있는 겁먹은 과거의 내 모습을, 그리고 언젠가 20대가 되고 30대가 될 앞으로의 우리 집 아이들 모습을 상상한다. 그렇게 내 안에 공동체를 만들고 버틸 힘을 얻는다. 지금 우리가 여기서 해야 하는 건 그런 폭력적인 질문을 피해자에게 그대로 전하는 것이 아니라, "질문의 화살을 다시 가해자에게 되돌리는 일"[4]이란 사실을 되뇐다.

일터를 포기하고 싶을 만큼 괴로운 일을 겪었음에도 피해자들이 그냥 묻어두지 않고 찾아와 어렵사리 말을 꺼내는 건 제대로 사과받고 싶은 마음, 잘못된 일을 바로잡고자 하는 마음, 나 같은 사람이 다시는 생기지 않았으면 하는 그런 마음에서 비롯된다. 바로 그 마음을 알아봐 주고 들어 주는 사람, 그런 사람이 존재함을 알아차릴 때에야 비로소 피해자가 자신의 상처를 스스로 보살피고 돌볼 수 있다고 나는 믿는다.

부모가 아니더라도, 가족이 아니더라도

서울과 경주, 포항, 울산, 광주, 부산의 곳곳에서 같은 책을 읽고 같은 영화를 보고 온라인에서 만나 이야기를 나누던 부너미의 양육자 동료들. 때로는 함께 걷고 함께 달리며, 차를 마시고 밥을 먹으며 자신의 이야기를 가감 없이 털어놓고 귀 기울여 들어주던 책 친구들을 만나지 않았더라면 아마 나는 지금보다 더 쉽게 흔들리고, 더 깊이 좌절하고, 조급하게 판단하는 어른이 되었

---

4 정희진, 《다시, 페미니즘의 도전》, 교양인, 2023.

을지도 모른다. 집 안에서뿐만 아니라 밖에서도 상처입은 약자들의 안녕을 바라고 그들에게 믿고 의지할 울타리가 되기 위해 노력하는 이들을 계속 만나면서, 꼭 부모가 아니더라도 그런 어른들이 상처받은 어린이와 청소년의 든든한 파수꾼이 되어 줄 것이라는 믿음이 생겼다.

좋은 어른을 만난 경험이 쌓일수록 아이들도 힘들어하는 친구를 혼자 두지 않고 이야기를 귀 기울여 듣는 사람, 그동안 외롭고 힘들었겠다며 마음을 어루만져 주는 사람으로 성장한다. 그러니 아이가 모든 걸 믿고 털어놓을 만한 어른이 반드시 부모가 되어야만 한다는 강박과 걱정은 조금 내려놓아도 되지 않을까. 지금 우리에게 필요한 것은 감정을 표현하는 나만의 언어를 배우는 일, 마음을 그대로 내보여도 안전하고 건강한 관계를 만드는 일, 그리고 무엇보다도 실패해도 괜찮다고, 너무 애쓰지 않아도 괜찮다고 말해 주는 믿을 만한 공동체를 만나는 일이다. 아이들이 성장해 갈수록 내 마음속에 자라지 못했던 열 살 아이도 함께 자란다. 조금씩 더 나은 방향으로.

누구나 엄마 성을 쓸 수 있을까

홍이
아이에게 자신의 홍씨 성을 물려주었다. 보다 많은 사람이 엄마의 성씨를 따르는 선택지도 편안하게 논의하게 될 날을 고대한다.

누군가 주변에 엄마 성 쓰는 사람이

있냐고 묻는다면

이제 내 지인들은 당당히 대답할 수 있겠지.

"응, 있어!"라고.

'임신도 출산도 엄마 몸에서 일어나는 일인데 아이는 왜 아빠 성씨를 따라야 할까? 그게 왜 당연하지?'

결혼 후 몇 년 동안 이어진 2세 고민 끝에 아이와 함께하는 삶 쪽으로 마음이 기울어 갈 때였다. 생길지 안 생길지 모를 일이지만 아이를 낳게 된다면 내 성을 물려주고 싶었다. 남편에게 이야기를 꺼냈다. 그는 흔쾌히 동의했다.

"성씨, 그게 뭐라고!"

죽은 사람 소원도 들어준다는데

두 번의 유산을 겪고 그냥 아이 없이 둘이서 재미있게 살자고 체념할 때쯤 아이가 찾아왔다. 임신 15주 차에 초음파로 성별을 확인했다. 딸이 아니라고 잠시 서운해하던 남편이 대뜸 아기에게 자기 성을 물려주고 싶다고 했다. 이날부터 출산하는 날까지 틈틈이 많이도 싸웠다. 배 속에서 다 듣고 있었을 아이에게 지금도 미안한 마음이다.

남편은 끈질기게 나를 설득했다. 가족이나 친구들에게 뭐라고 설명해야 하냐, 남들은 당연하게 아빠 성을 쓰는데 왜 나는 내 아이에게 내 성을 물려줄 수 없냐, 나중에 아이가 엄마 성을 쓴다는 이유로 차별을 받으면 어떻게 할 거냐, 성씨가 뭐가 그렇게 중요하냐, 차라리 새로운 성씨를 만들어서 쓰자……. 그 입장도 이해되지 않는 건 아니었지만 한 번뿐인 삶에서 나도 소중한 내 아이에게 내 성을 물려주고 싶었다.

아이의 성씨를 둘러싸고 팽팽하게 대립하는 동안, 아들 귀한 집안에서 내가 듣고 자란 말들이 생각났다. "네가 아들로 태어났어야 했는데", "얘가 이렇게 선머슴 같은 걸 보면 동생은 분명히 아들인데", "셋째는 아들일지도 모르는데 하나만 더 낳지"……. 딸만 둘인 부모님은 친척 어른들에게 이런 말들을 듣는 것이 일상이었다. 그런데 내가 아이에게 내 성을 물려준다면? 소소한 전복을 상상하며 통쾌하기도 했다.

시간이 흘러 예정일을 며칠 넘긴 어느 늦은 오후, 양수가 나와서 남편과 병원에 가는 길이었다. 그는 농담 반 진담 반으로 혹시나 아기를 낳다가 잘못될 수도 있으니 유언을 남겨 보라고 했다. 당사자인 나는 그저 농담으로만 생각되진 않았다. 오늘날에도 아기를 낳다가 목숨을 잃는 경우가 종종 있으니까.

"내가 죽으면 더더욱 아이 성은 홍씨로 해 줘."

비장하게 나의 뜻을 강조했다.

다행히 나도 아이도 건강하게 잘 만났고, 남편은 "죽은 사람 소원도 들어준다는데, 산 사람 소원 못 들어주랴" 하며 내 성을 물려주는 데 최종적으로 동의했다. 사실 예정일이 가까워졌을 때 그는 이미 마음을 정한 듯했다. 누구 성씨를 따르냐보다 아이가 무사히 태어나는 것이 더 중요하다는 쪽으로 마음이 기울어 있었기 때문이다. 대신, 아이의 이름에 남편의 성과 이름 한 글자를 넣기로 했다.

　엄마 성을 쓸 것인지 아빠 성을 쓸 것인지 여부는 보통 혼인신고를 할 때(출생신고할 때가 아니라!) 정한다. 우리 부부는 출산하러 가는 그날까지 혼인신고를 하지 않은 상태였다. 항목마다 남편과 아버지가 먼저 나오고 양측 부모님 인적사항까지 상세히 써야 하는 혼인신고서 양식이 앞으로의 결혼생활을 예고하는 것처럼 느껴져서 못마땅했달까. 두 사람 사이에 국가가 끼어드는 것이 이상하기도 했다. 특별히 서두를 이유는 없어서 혼인신고를 미루고 있었는데 덕분에 엄마 성 쓰기를 선택할 수 있었다.

차별받으면 어쩌려고?

엄마 성을 쓴다고 했을 때 많은 사람이 아이가 차별받을 것을 걱정했다. 다른 아이들은 대부분 아빠 성을 쓰는데, 홀로 엄마 성을 써서 원치 않게 주목을 받거나 어떤 불편함을 겪으면 어쩌냐고. 어떤 사람은 아이에게 물어보지도 않고 왜 마음대로 엄마 성을 썼냐고 나무라듯 말하기도 했다.

　법제도상 누구나 엄마 성을 쓸 수 있게 된 지는 20년이 다

되어 간다. 호주제가 폐지되고 가족법이 개정되기 전에는 '법적으로 인정받을 수 있는 아버지'가 없는 경우에 '어쩔 수 없이' 엄마 성을 쓰도록 했다. 그래서 당시에 엄마 성을 쓸 수밖에 없었던 사람들은 사회적 편견과 차별을 겪기도 했다. 이러한 낙인효과 때문인지 법이 바뀐 뒤에도 엄마 성을 택하는 사람들은 극소수에 불과하다.

하지만 다른 한편에는 부계 혈통만 따져서 아버지의 성씨만 쓰도록 강요하는 제도의 부당함과 폐해를 지적하며 변화를 이끌어 간 사람들이 있었다. 이들은 호주제 폐지와 가족법 개정을 위해 목소리를 내고, 부모 성 함께 쓰기 운동을 펼치며 차별에 반대했다. 아버지의 성씨를 물려받는 현실은 아들을 낳아야 대를 이을 수 있다는 생각으로 이어지고, 태아의 성별이 여아라는 이유로 중절수술 대상이 되는 일도 흔했다. 이런 법제도 속에 모계 조상은 언제나 배제돼 있었다. 아버지가 중심이 되는 제도에서 여성은 그저 세대와 세대를 매개하고 사라질 뿐 성관계, 동거, 결혼, 이혼, 재혼 등에 관한 선택에서 판단의 주체가 되기 어려웠다.[5]

호주제 폐지와 가족법 개정은 50년 가까이 싸워 온 이들 덕

---

5 〈"엄마 성 따라 봤자 외할아버지 성?" 양현아 교수가 답합니다〉, 한겨레, 2020년 7월 4일자 기사 참고.

분에 어렵게 얻은 선택지다. 그럼에도 실제로 모계 성을 사용하는 사람이 적은 이유는 무엇일까? 아무래도 민법상 부성 우선주의를 고수하고 있는 탓이 크지 않을까 추측해 본다(민법 781조 1항 "자는 부의 성과 본을 따른다. 다만, 부모가 혼인신고 시 모의 성과 본을 따르기로 협의한 경우에는 모의 성과 본을 따른다"). 아빠 성을 기본 값으로, 엄마 성은 예외적인 선택지쯤으로 허용하다 보니 대다수가 관습대로 아빠 성을 택하는 것이다. 주변에 엄마 성을 쓰는 사람이 없다 보니 다른 선택지가 있어도 적극적으로 고려하지 못하는 측면도 있을 테다.

그렇기에 아주 평범한 가정을 이루고 있는 우리 같은 가족이 자녀에게 엄마 성을 물려주는 일이 의미 있다고 생각한다. 누구나 엄마 성 쓰기를 선택할 수 있다는 걸 사람들이 알게 될 테니까. 결혼을 앞두고 있거나 자녀 계획이 있는 사람이라면 파트너와 진지하게 의논할 수도 있을 것이다. 적어도 당연하게 생각해 온 것들에 의문을 품어 보는 씨앗은 될 수 있지 않을까.

성씨 문제로 대립각을 세우던 시기에 남편은 주변에 엄마 성을 쓰는 사람들이 있긴 하냐며 따져 물었다. 이제 내 주변 사람 중 누군가 같은 질문을 받는다면 그 사람은 "응, 있어!"라고 대답할 수 있겠지.

엄마 성을 쓴 이후

엄마 성을 쓴다고 했을 때 우려하는 목소리만 있었던 건 아니다. 많은 사람들이 멋진 결정이라고 지지와 응원을 표현해 주었다. 모교의 교수님은 20년 전 아이에게 엄마 성을 물려주고 싶었는데 당시는 호주제가 폐지되기 전이라 그러지 못한 게 두고두고 아쉬웠다며, 크게 기뻐하셨다. 또 엄마 성을 선택할 수 있다는 걸 처음 알게 되었다며 "우리 딸들한테도 알려 줘야겠다"라고 하는 분도 있었고, 사귀고 있는 사람과 이 주제로 이야기해 보고 싶어졌다는 사람도 있었다. 시조카는 "나도 우리 엄마 성 쓰고 싶다!" 하며 부러워하기도 했다.

처음엔 낯설어하시던 나의 부모님도 이제는 대수롭지 않게 생각하시는 듯하다. 혹여나 사위가 속상해할까 봐 성은 곧잘 생략하고 아이 이름만 부르던 분들이 점차 성을 붙여서 부르기 시작하셨다. 시부모님은 내 성을 쓰겠다고 말씀드렸을 때 두 사람이 그러기로 했으면 그렇게 하라고 하셨는데, 오히려 나의 부모님과 친척 어른들이 많이 조심스러워했다.

사실 아이가 내 성을 쓰면 시부모님이 아이를 손주로 인정하지 않을 수도 있다고 지레 마음의 준비를 하기도 했었다. 또 아이가 홍씨라서 남편이 아이에게 애정을 덜 느끼거나 육아에 소극적이지는 않을까 염려하기도 했다. 하지만 그런 걱정이 무색할 만큼 아이는 막내 손주로서 사랑을 듬뿍 받고 있고, 남편과 아이는 여느 부자지간보다도 압도적으로 많은 시간을 함께하며 밀도 있는 관계를 만들어 가고 있다.

만약 아이가 남편의 성을 썼더라도 내 부모님이 아이를 덜 사랑하거나 아이에 대한 내 마음이 작아지진 않았을 텐데, 괜한 걱정을 했던 것 같다.

세상은 조금씩 달라지고 있다

희망적이게도 자녀의 성을 혼인신고할 때 정하는 것, 아빠 성이 기본 값인 것에 대해 부당하다고 느끼고 문제를 제기하는 사람들이 많아지고 있다. 부성 우선주의 원칙이 담긴 법 조항에 대해 헌법소원을 청구한 부부도 있고,[6] 혼인신고 시점이 아니라 출생신고를 할 때 자녀의 성을 결정하게 해 달라고 민원을 제기한 사람도 있다.[7] '나부터 우리 엄마 성을 쓰겠다' 하는 사람들이 모여 전국 법원에 성본변경 신청을 하는 프로젝트도 열렸다.[8] 이처럼 저마다 크고 작은 균열을 만들어 가는 사람들의 이야기가 반갑

---

6 〈이혼까지 생각했어. 아이한테 엄마 성을 주려고〉, 닷페이스, 2021년 12월 16일자 기사 참고.
7 정부 웹사이트 '소통24'에 게시된 민원에 대한 법무부 답변 참고.
8 〈성인의 '엄마 성 따르기' 법원이 받아들였다… "성평등 사회 만들겠다는 취지에 응답"〉, 경향신문, 2024년 4월 24일자 기사 참고.

기만 하다.

일반 사람들의 인식도 과거와는 많이 달라진 듯하다. 다양한 가족에 관한 국민인식조사에서 응답자의 74.6퍼센트가 자녀의 성과 본을 출생신고할 때 부모가 협의하여 정할 수 있도록 해야 한다고 응답한 걸 보면 말이다.[9] 같은 해에 발표된 제4차 건강가정기본계획(2021~2025년)에도 출생신고 시에 부모가 협의하여 부 또는 모의 성을 따를 수 있도록 법 개정을 검토하겠다는 내용이 실려 있다. 지금의 자녀 성 결정 방식이 다양한 가족의 자녀들에게 차별과 불편을 겪게 한다는 이유로 말이다(정권이 바뀌면서 구체적인 논의가 미뤄졌다).

머지않아 엄마 성을 쓰는 일이 대수롭지 않게 여겨지고, 자녀의 성을 정할 때 당사자들이 대등하게 의논할 수 있는 날이 오지 않을까. 어쩌면 우리 집 아이가 자라서 이 글을 읽을 즈음에는 이 이야기가 이미 철 지난 에피소드가 되어 있을지도 모른다고 상상해 본다.

아이가 어떤 성씨를 가졌든 어떤 이름이었든, 아이의 존재 자체로도 너무너무 좋다. 하지만 나와 같은 성을 써서 더! 더! 더! 좋다! 주민센터에서 온 우편물에서, 소아과에서, 은행에서 아이의 이름 세 글자를 만날 때마다 빙긋 웃음이 나고 가슴이 벅차

---

[9] 〈다양한 가족에 대한 국민인식조사 결과 보고서〉, 여성가족부, 2021년 참고.

다. 훗날 아이가 원한다면 언제고 성본변경 신청을 할 수도 있겠지만 이 예쁜 이름으로 하루하루 행복하게 살아갔으면 좋겠다.

2장

서로를 잘 돌보려면
어떤 가족이어야
하는가

신경다양성 아이, 그대로 수용할 수 있을까

풀이

상담심리사. 아이의 발달에 어려움이 있을 거라고는 생각도 못 했다. 비장애인의 관점에서 능력주의 문화에 동조하며 살았던 것은 아닐까. 양육을 통해 서로의 다름을 수용하고 존중하며 관계 맺는 법을 날마다 배우고 있다.

누군가에게 아이의 모습이

특이하게 보일 거라 걱정이 들 때면

나는 움츠러든다.

아이에게 말을 걸어 행동을

멈추게 하고 싶은 마음이 들지만

참기로 한다.

"이 아이는 특별한 아이예요. 이유가 있으니 어머님과 아버님께 온 거예요."

아이가 네 살 무렵, 어린이집 담임 선생님이 내게 이렇게 말했다. 바로 전까지만 해도 선생님은 또래들과 어울리지 않고 여전히 혼자만의 놀이에 몰두하는 아이의 모습을 전하고 있었다. 기분이 묘했다. 문제 있는 아이가 아니라 '특별한 아이'라는 말에 안심되었다가도 너무 낙관적인 관점에서 전하는 위로인 것만 같아 괜히 의기소침해졌다.

자폐스펙트럼 장애를 염두에 둔 발달 지연.

이것이 아이에 대한 소아정신과 전문의들의 공통적인 소견이었다. 나는 현실을 부정하지 않기로 하고 언어치료, 감각통합치료 등 각종 치료실에 아이를 데려갔다. 그렇게 1년을 노력했지만 아이는 여전히 층별로 빌딩과 주차장을 그리는 자기만의 놀이에 빠져 선생님이 다른 놀이에 초대해도 응하지 않는다고 했다. 속상했다. 그동안 좀 달라졌으려나 하는 기대가 있었던 것이다. 그땐 그렇게 아이가 평범해지기만을 간절히 바랐다.

특별함을 평범함으로

당시 어린이집 원장님은 아이가 다섯 살이 되면 교사 1인당 아동이 15명으로 늘어나 개별적인 지원이 어려워질 거라며, 특수학급이 있는 유치원이나 장애통합 어린이집으로 옮기기를 제안하셨다. 당황스럽고 서운하고 아쉬웠지만, 이 복잡한 마음을 얼른 제쳐 두고 아이가 또래와 대화하고 놀이하는 즐거움을 배울 수 있는 기관을 찾아보는 데 집중했다.

그 무렵 상담심리사인 나는 4일간 정서중심치료 교육을 들었다. 내담자 역할을 맡는 실습 시간에 그간 밀쳐 두었던 나의 마음을 꺼내 볼 기회가 있었다. 눈물이 왈칵 쏟아졌다. 아이를 위해 앞뒤 가리지 않고 최선을 다했지만 결국 일반 기관에 다니기 어렵다는 말을 들은 셈이었다. 그 말이 양육자로서 실패했다는 선언 같아 속으로는 슬펐던 것이다. 평균에서 벗어났다는 사실이 아이에게 치명적인 결함이며 엄마인 나에게는 감내해야 할 큰 아픔이라고 여겼던 것 같다.

격하게 울다가 앞에 놓인 의자에 아이가 앉아 있다고 상상해 봤다. 상상 속 아이는 "엄마 좋아" 하며 배시시 나를 향해 웃었고 "난 이게 재밌는데?" 하며 자기만의 놀이를 즐겼다. 그렇게 상상하고 나니 아이에게 한없이 미안해졌다. 평균적 발달과 건강이라는 잣대로 아이에게 결함이 있다고 생각하고, 아이에게 이로운 환경이 될 특수기관을 물색하면서도 그 자체를 실패로 여기며 좌절한 것이 말이다.

문제는 아이가 아니라 아이를 바라보는 나의 시선과 마음이었다. 나와 선생님의 눈에는 아이가 또래들과 다르고 특별하게 보일지라도 아이에게는 그저 평범하고 편안한 자기 모습이 아닌가? 아이는 그저 지금 이 순간을 즐기며 살아가고 있었다. 그런 아이에게 '비정상'이라는 특별한 프레임을 씌운다면, 이 아이 역시 자라면서 점점 사람들과 다른 자신의 모습을 부적절하게 여기지 않을까? 적어도 나는 양육자니까, 아이가 자신을 계속해서 편안하게 느끼도록 도와줘야겠다고 생각했다.

아이가 그리는 정교하고 복잡한 건물이나 괴상한 괴물 그림, 의미를 알 수 없는 글자 조합, 끝없이 흥얼거리는 콧노래, 손뼉으로 만드는 경쾌한 리듬, 처절한 감정 연기를 하듯 흥분하다가도 단조로운 억양으로 말하는 소리, 수 연산이나 퍼즐에 상당한 관심을 보이지만 친구들의 강한 주장이나 농담에 잘 대처하지 못하는 모습……. 이런 것을 고쳐야 하기보다 아이의 고유한 특성으로 받아들이려 하고 있다. 물론 필요할 때 적절하게 활용할 수 있도록 아이에게 사회적 기술도 계속 가르쳐 줄 것이다. 그 과정에서 아이가 고유한 자신을 잃거나 미워하지 않았으면 좋겠다. 언제든 편안하고 안전한 곳에서는 자기 자신이 되기를 바라는 마음이다.

눈에 띄어도 괜찮아

올해 3월 유치원에 입학하던 날, 손을 맞잡고 신나게 걸어가다가 문득 아이가 말했다.

"엄마, 나 가슴이 두근거려."

안쓰러운 마음에 아이를 꼭 안아 주었다. 그러면서 아이가 더는 울거나 매달리지 않고 떨리는 감정을 말로 표현할 수 있다는 사실이 감격스러웠다.

작년 한 해 아이는 소규모로 밀착 지원을 해 주는 장애통합어린이집을 다니며 주 5일 언어치료와 감각통합치료, 사회성 그룹치료를 받았다. 덕분에 많이 성장해서 유치원의 완전통합반 즉, 더 많은 수의 비장애 어린이들과 같은 교실에서 생활하기로 했다. 특수교사의 지원이 있기는 하지만, 또래와 지내며 발생하는 문제를 스스로 풀어야 하는 도전적인 환경으로 옮겨가는 셈이다. 감사한 일이나, 아이를 섬세하게 관찰하고 약점을 보완해 주는 보육기관에서 벗어나는 것이 두렵기도 했다.

하원 시간, 유치원 놀이터는 술래잡기하는 아이들로 북적인다. 아이도 늘 "잠깐 놀다 가고 싶어"라고 말하고 신나게 아이들 틈으로 뛰어간다. 기특한 마음에 바라보지만, 아이는 이내 무리에서 벗어나 혼자만의 놀이를 하고 있다. 나는 아직도 아이가 또래들과 어울리지 않는 모습을 보면 마음이 살짝 내려앉는다.

예전 같았으면 바로 다가가 친구들과 대화를 촉진하거나 술래잡기를 집요하게 권했을지도 모른다. 그래야만 아이의 사회성을 길러 줄 수 있고 정상 범주로 끌어올릴 수 있다고 생각했으니 말이다. 이제는 아이에게 도움을 주는 것과 아이의 흥미를 존중하는 것 사이에 균형이 필요함을 안다. 그렇게 한 발짝 물러나면 가끔은 친구가 와서 "너 ○○반이지?"라며 아는 척도 하고, 아이만의 모래놀이가 친구들과 함께 경쟁하거나 협동하는 놀이가 되기도 한다.

유치원 적응기를 마치고 지역문화 체육센터의 유아 축구 수업을 시작했다. 최대 16명이나 되는 대그룹 수업이라 첫 시간에는 내가 더 긴장했던 것 같다. 정작 아이는 체육관에 들어서자마자 친구들과 함께 공을 차며 달렸고, 예상보다 꽤 자연스러웠다. 선생님께 스스로 이름을 말하며 출석 체크도 하고 준비운동도 제법 따라 하는 아이를 보니 대견했고 웃음이 났다. 아이들 틈에서 평범하게 보이는 게 안심되었던 것 같다.

그러다 곧 아이가 눈에 띄었다. 벽에 걸린 전자시계를 응시하거나, 머리를 흔들며 뛰거나, 제자리에서 빙글빙글 돌고 있는 모습으로 말이다. 내 마음에서 '아!' 하는 작은 탄식이 새어 나왔다. 누군가에게 아이의 모습이 특이하게 보일 거라 걱정이 들기 시작하면 나는 움츠러든다. 아이에게 말을 걸어 그런 행동을 멈추게 하고 싶은 마음이 들었지만 참기로 했다.

새로운 장소, 새로운 사람들, 호루라기 소리, 금방 소진된 체력 등은 분명 아이에게 강한 자극이 되었을 것이다. 아이에게도 적응할 시간이 필요하리라 생각하며 말없이 지켜보았다. 걱정되는 순간을 넘기고 나니, 선생님이 아이의 이름을 부르거나 자세를 잡아 주었고, 아이는 다시 집중해서 활동에 참여할 수 있었다.

어느 날은 축구 수업이 유독 힘들었는지 아이가 연신 머리를 흔들어대며 제자리에서 빙글빙글 돌았다. "안 어지러워? 그만 돌고 골 넣어야지." 그렇게 선생님이 아이의 제자리 돌기를 언급할 때마다 아이는 다른 아이들의 시선을 빼앗았다. 걱정이 커지던 무렵, 나는 크게 웃음을 터뜨렸다. 그날따라 다들 지쳤는지 경기 도중에 아이들이 저마다 제자리 돌기를 하는 것이었다. 그 장면 속에서 아이는 더는 특이한 아이가 아니었다.

요즘은 자폐스펙트럼 장애, 주의력 결핍 및 과잉행동 장애 ADHD, 난독증 등의 신경 발달장애와 학습장애, 사회적 의사소통 장애를 병리적 관점이 아닌 신경다양성 관점에서 바라보는 움직임이 점차 확산되고 있다. 신경다양성 관점은 당사자들을 결함이 있어 치료해야 할 대상으로 보기보다, 각기 다른 신경계의 작동방식으로 세상을 인식하고 경험하는 존재로 이해한다. 마치 저마다 고유한 얼굴 생김새를 지니듯이. 이는 자폐인을 비롯한 신경다양인 당사자의 목소리를 반영하는 관점이기도 하다.

자폐인의 경우, 상동행동 즉, 반복적으로 같은 동작을 하거나 한 가지에 몰두하는 모습이 감각을 처리하고 정서를 조절하는 전략일 수 있다. 자신이나 타인에게 피해를 주지 않는다면, 이런 행동을 무조건 막거나 교정하는 대신 수용할 필요가 있다. 문제는 자폐인의 상동행동이 아닌 그 행동을 불편하게 여기고 제지하려는 사회의 시선일지도 모른다.

나에겐 그날 축구 수업에서 본 아이들의 모습이 미래의 변화된 사회의 모습을 보여 주는 것만 같았다. 각자의 행동을 이상하게만 보는 것이 아니라 유쾌하게 따라 하면서 즐거움을 함께 공유하는 것 같았다. 그렇게 다름에 대한 이해와 수용의 폭이 넓어질 수 있을 거라는 상상을 했다.

완전한 수용, 가능할까?

아이가 자폐스펙트럼 장애일지도 모른다는 생각을 한 바로 그날 밤, 내 삶은 다른 장으로 넘어갔다. 그 전까지만 해도 아이를 감성적이고 자유로운 사람으로 키우겠다고 생각했다. 구조적 차별과 특권의식에 저항하고 약자의 권익을 위해 목소리 내는 사람으로 자라기를 바랐다. 그랬던 건 아이가 자조 능력이 있고 사회적 맥락을 파악하며 의사를 명확히 표현할 수 있으리라고 전제했기 때문이다.

아이가 장애 진단을 받거나 의사소통 문제로 사회생활이 어려울 수도 있다고 생각하니, 이 사회에서 겪게 될 낙인과 배척의 위협이 걱정되기 시작했다. 아이 곁에서 내가 어떤 양육자로 서 있어야 할지 가늠조차 되지 않았다. 아이의 현재와 미래를 그려 보고 나서야 내가 얼마나 많은 사회적 소수자와 차별의 문제를 외면해 왔는지 실감할 수 있었다. 나는 그저 나의 좁은 경험 안에서 성차별과 성폭력, 가사 및 양육 분담을 고민하고 실천하고자 해 왔다. 신경전형인(자폐스펙트럼 장애, ADHD, 난독증 등과 같은 신경다양성 특성이 없고, 신경발달과 정보처리 방식이 사회 다수와 유사한 사람)이자 비장애인의 관점에서 능력주의 문화에 동조하며 유능한 사람이 되고 우수한 성과를 내려고만 했지, 신체적 제약과 사회적 차별로 인해 곤란을 겪는 사람들을 외면하고 그저 그들을 취약하거나 부족한 존재로 간주해 왔음을 고백하고 반성한다.

많은 자폐 아동의 양육자가 자녀를 키우면서 자녀를 위한 옹호자가 된다고 한다. 동시에 양육자 자신의 관점에도 변화가 생긴다고 한다. 나 역시 아이를 통해 자폐스펙트럼 장애, 더 나아가 장애인, 성소수자를 비롯한 사회적 소수자에 대해 어떤 관점을 갖고 당사자를 이해할 수 있는지 배우고 있다. 하지만 더 많은 사회적 소수자에게 관심을 갖고 그들을 옹호하고자 하는 다짐은 이제 시작일 뿐, 내 몸에 배는 데는 많은 시간이 필요할 것이다.

지금도 나는 종종 오락가락한다. 아이가 어려운 문장을 맞춤법에 맞게 또박또박 쓸 때면 우쭐하다가도, 소변이 마렵다고 말하지 못해 실수할 때는 좌절한다. 언제까지 이럴 거냐며 아이를 다그치기도 한다. 두 가지 모두 신경다양성 아이의 고유한 특성임에도 신경전형인의 시선으로 유능해 보이는가 아닌가에 따라 어느 때는 자랑스러워했다가 어느 때는 다그치는 것이다. 아이는 얼마나 헷갈릴까?

요즘 들어 아이가 전하는 문제 상황 속에서 아이의 감정이나 행동의 이유 등을 물으면 "말하는 것은 너무 어려워. 대화하기 싫어"라는 답이 돌아온다. 그림책에 대해서는 디테일을 기억해서 이야기하고, 자신의 관심사인 각종 숫자와 관련된 대기질 지수, 길이, 속도, 무게 단위 등에 대해서라면 종알종알 이야기하는 아이임을 생각하면, 답답한 마음이 올라온다. 그러나 이런 장면도 마찬가지다. 이 아이의 신경다양성을 보여 줄 뿐이다. 적어도 자신의 의견과 감정을 말로 표현하기 어렵다는 것을 표현하고 있지 않은가?

이렇게 성찰하며 수용했다가도 다시 좌절하고 다시 새롭게 수용하는 과정을 끝없이 되풀이하고 있다. 제자리를 맴도는 느낌이 들 때도 있지만, 이제는 나도 안다. 아이를 수용한다는 것은 단 한 번의 성찰과 결심으로 가능하지 않음을. 매번 새롭게 보이는 측면들을 다시 수용하는 시간이 필요하며, 이를 계속 반복하는 그 과정 자체가 진정한 수용을 의미하는 것일지도 모른다. 나 역시 이런 과정으로 양육자로서 자신을 편안하게 수용할 수 있을 것이다.

가끔 '사회적으로 그래야 하는 것들'을 가르치려 할 때, 아이는 곧잘 나에게 "꼭 그래야 하는 건 아니잖아"라고 말한다. 딱히 반박할 말이 없어진다. 그 한마디는 아직도 내 안에 딱딱하게 남아 있는 정상성의 기준에 금을 낸다. 아이는 나에게 자신을 어떻게 수용할 수 있는지를 조금씩 알려 주고 있는 셈이다. 어쩌면 아이는 자라나서 다양성을 수용하는 관점과 태도를 아주 잘 가르쳐 줄 수 있는 사람이 될지도 모른다. 그렇게 생각하면 마음이 흐뭇해진다.

아픈 가족을 잘 돌보려면 어떻게 해야 할까

이마사라
의료복지와 관련된 일을 한 지 15년이 넘었다. 선천성 난청으로 언어발달이 더딘 둘째 아이와 후천적으로 장애를 갖게 된 어머니 덕분에 장애와 질병, 나이 듦, 그리고 돌봄에 대한 생각이 많이 바뀌었다.

적정한 거리를 지키면서도 도움을 청하는 눈빛,

내밀지 못하고 머뭇거리는 손 같은 것들을

알아차리는 기술은 오로지

직접적인 경험을 통해서만 지닐 수 있다.

"○여사님, 자꾸 '죽겠다 죽겠다' 하지 말고 '살겠다 살겠다' 하세요."

경력직 간병인 입에서나 나올 법한 이 말은 퇴원한 할머니가 집에서 함께 생활할 때 초등학교 3학년생이던 큰아이가 입버릇처럼 하던 말이다. 사랑하는 할머니가 "아파 죽겠다, 못 살겠다"는 말보다는 "아파도 살겠다, 살아야겠다"는 마음으로 하루를 버텼으면 하는 어린아이의 마음이 어머니는 가장 기억에 많이 남는다고 하셨다.

어머니의 척추질환이 시작된 지 어느덧 6년이 되어 간다. 두 번의 수술을 거치며 나사못이 여섯 개 이상 박힌 허리는 더 이상 앞으로 구부러지지 않는다. 오랜 기간 류머티즘 관절염과 골다공증도 앓은 탓에 수술 부위와 인접한 다른 부분에도 자꾸만 골절이 생겨 지금도 입퇴원을 반복하고 계신다. 수술을 집도했던 의사의 말을 빌려 쉽게 설명하자면, 척추뼈가 매년 조금씩 내려앉고 있다. 가까운 거리는 지팡이를 짚고 걸어다닐 수 있지만 장거리 보행은 어려워 병원에 오갈 때를 제외하고는 주로 집안에서만 생활하신 지 오래됐다.

시어머니의 3차 보호자, 아이들의 1차 보호자

어머니가 수술과 재활, 재수술을 반복하는 동안 1차로는 배우자인 아버님이, 2차로는 아들인 남편이 보호자 역할을 했다. 당시에 나는 미취학인 두 아이를 양육하며 회사를 다니고 있었기에 당연한 역할분담이었다. 게다가 결혼 전에 남편과 나는 '효도는 셀프'라는 대전제에 합의했었다. 남편은 최대한 나에게 어머니 돌봄의 몫을 전가하지 않도록 나름의 노력을 기울였다.

그러나 병원을 오가며 간병하는 아버님의 식사와 세탁, 입원 기간 동안 필요한 물품과 기타 생활필수품의 구입, 그 밖에도 돈이 들어가는 곳에 대한 각종 관리, 퇴원 후의 생활을 준비하는 일 등은 자연스레 내 몫이 되었다. 직접적인 돌봄보다는 살림의 영역이어서였을까. 드라이샴푸, 구강세정제, 바셀린과 빨대컵처럼 거동이 불편한 환자를 위해 필요한 물건은 무엇이고, 어디서 구매하는지, 부재중인 시골집의 각종 공과금은 어떻게 처리되는지 알아보고 걱정한 사람은 나밖에 없는 것 같았다.

태어나자마자 선천성 난청 소견을 받은 둘째는 두 번의 수술 이후 네 살 무렵부터 본격적으로 언어치료를 시작했다. 평일 저녁 6시 30분에 시작하는 언어치료 시간을 맞추려면 퇴근과 동시에 사무실에서부터 전력질주를 해야 했다. 어린이집에서 두 명의 아이들을 찾아 택시를 잡아타고 겨우 센터에 도착하면 숨이 턱끝까지 차곤 했다. 언어치료 선생님에게 둘째를 맡기고 보호자 대기실에서 TV를 보는 큰아이 옆에 앉아 한숨 돌리는 40분이 하루 중 유일한 휴식 시간이었다. 전문가에게 맡겼다는 만족감, 더디지만 말문이 트이고 있다는 안도감 속에 쪽잠이 들 때도 있었다. 언어치료가 끝나면 상담이 이어졌고, 잠깐 반성의 시간을 보내고 나면(집에서 발화연습을 많이 시켜야 한다는 선생님의 당부와 숙제가 있었다) 저녁 식사 시간은 훌쩍 넘기기 마련이라, 나도 아이들도 모두 몸과 마음이 허기졌다. 집에 와 먹이고 씻기고 재우는 와중에 어머님 병원에 들러서 자고 오겠다는 남편의 연락이라도 오면, 남편이 안쓰럽다가도 두 아이와 남겨진 긴긴밤이 야속했다.

제도적인 의미로 '보호자'는 환자와 관련한 의사결정을 하고 1차적인 보호 책임을 지는 관계의 사람을 뜻하지만, 아픈 이를 돌보는 일은 보호자 한두 명만으로는 해결하지 못할 만큼 끝이 없고 무작위적이다. 그 시절 나는 어머니의 비자발적인 3차 보호자였고, 두 아이들의 자발적인 1차 보호자였다.

병원에 등록된 간병업체를 알아보고 소개받은 간병인과 면접을 보는 일, 의료진과 재활치료 계획을 상담하는 일에도 주체적으로 나설 수밖에 없었다. 몸 담고 있는 직장이 의료복지 업종이어서 건강보험 체계나 수술-재활-요양-재가로 이어지는 치료 과정, 간단한 의학용어 등에 가족 중 내가 그나마 익숙한 편이었기 때문이다. 의료진들은 일상적으로 사용하는 언어일지라도 환자나 보호자는 제대로 이해하기 어렵고, 때론 '통역'이 필요하다. 특히 고령의 경우에는 더욱 그렇다.

업무로서 수월하게 처리하던 갖가지 일들이 실제로 나의 상황이 됐을 때 가장 먼저 깨달은 진실은 '뜻대로 되는 일이 하나도 없다'는 것이었다. 첫 번째 위기는 어머니가 수술을 마치고 재활병원을 퇴원한 직후에 닥쳤다. 수술이라는 적극적 치료로 인해 정상적으로 걷고 움직이던 건강한 몸을 되찾을 것이라 기대했던 어머니의 믿음은 극심한 통증과 하반신 마비 증상으로 크게 배신당했다. 자유롭게 씻지 못하는 몸은 남편과 아들의 도움으로 어떻게든 해결했으나 화장실에서의 용변은 다른 문제였다. 실금이 반복되고 있으며, 심해지고 있다는 걸 먼저 눈치챈 사람은 나였다. 어머니의 옷을 세탁하는 사람이 나였기 때문이다. 어머니는 잠결에 실수해서 그렇다며 한사코 기저귀 착용을 거부했다. "곧 있으면 다 나을 것이다"라고 확신하던 어머니는 불과 일주일 후 상태가 급격히 나빠져 응급입원을 했고, 신경을 누르고 있는 골반 부위에 신생물질을 주입해 성형하는 재수술을 받았다. 그 뒤에야 어머니는 성인용 기저귀 사용에 동의하셨다.

'뜻대로 된다'라는 말은 그것이 무엇이든 나의 통제 영역 안에 머무를 때 쓴다. '나이가 드니(아프고 나니) 내 몸이 뜻대로 되지 않는다'라는 말은 그 전에는 자신의 몸을 완전히 통제할 수 있었다는 환상에서 비롯된다. 이런 잘못된 환상은 성인이라면

뇌가 내리는 명령을 그대로 따르는 건강한 신체를 지니고, 독립적인 개체로서 살아가는 사람이어야 한다는 사회적인 믿음에서 기인하는데, 한국사회는 유독 이런 믿음이 굳건하다. 그렇다 보니 돌봄을 신체의 통제력이 부족한 이들에게만 제공되는 일이라 생각하며, 아이나 노인, 장애가 있거나 아픈 사람만을 '돌봄이 필요한 약자'로 구분한다. 그리고 자신은 그런 약자가 아닐 것이라 믿는다. 혹은 약자가 되는 것이 두려워 건강하고 젊게 살아가기 위해 무던히 애를 쓴다. 사람들의 이런 불안심리를 이용해 각종 의료미용 서비스가 개발되고 소비욕구를 자극한다.

20대라고, 또는 30대라고 몸과 마음이 다 건강하지도 않고 완전히 독립적으로 삶을 꾸려 가지도 못한다. 단지 그 나이에 다다른 것뿐이다. 그러니 건강하게 독립적인 삶을 꾸려야 하는 정답 같은 시기는 없다. 아니, 어쩌면 건강하고 독립적인 삶이라는 것 자체가 모두 허상일지도 모른다. 도쿄대 동양문화연구소 교수인 야스토미 아유무는 저서 《단단한 삶》에서 "자립한 사람이란 혼자서 무엇이든지 할 수 있는 사람이 아니라, 자기가 곤란하면 언제든지 누군가에게 도움을 받을 수 있는 사람이고, 그러한 인간관계를 잘 관리하는 사람을 가리킨다"고 말한다. 수술이나 치료를 한 뒤 드라마틱하게 100퍼센트 병이 완치되거나 장애를 극복하고 완전히 새로운 삶을 사는 사람은 없다. 그냥 그 과정을 지나오며 자신의 새로운 몸을 받아들이고 내가 두려워하는 것이 무엇인지, 내게 필요한 도움이 무엇인지를 구체적으로 알아차린 사람이 있을 뿐이다. 그것이 지난 6년간 자신의 통증과 변하는 몸(어머니는 장애등급을 받았다)을 받아들이고 조금씩 익숙해지는 어머니를 돌보는 과정에서 우리 가족이 얻은 깨달음이다.

돌봄이 필요할 때 돌봄을 주고받을 수 있는가

나의 할머니는 뇌종양 수술 후 오랜 기간 인지장애(치매)를 앓다가 돌아가셨다. 가장 가까운 기억부터 잃어가던 할머니는 신기하게도 마지막까지 며느리인 엄마만큼은 잊지 않았다. 엄마는 할머니의 며느리였지만, 가끔은 딸이기도 했고 엄마가 되기도 했다. 종일 먹이고 입히고 씻기고 재우고 돌아 눕히기를 반복하는 엄마를 보고 주위에서는 '효부'라는 말을 자주 했는데, 본인도 그 말을 좋아했는지는 모르겠다. 엄마는 그저 할머니라는 사람 자체를 좋아했고, 같은 여성으로서 고되게 살아온 그의 삶을 애틋하게 여겼다. 할아버지나 아버지도 욕창 방지를 위해 할머니의 체위를 바꾸고 병상에서 휠체어로 옮겨 태우는 등 힘이 필요한 순간에는 나름의 역할을 했지만, 그것이 전부는 아니라는 걸 깨닫지는 못했던 것 같다. 그저 묵묵히 (할머니를) 돌보고, (세 아이를) 돌보고, (집안 살림을) 돌보던 엄마의 모습은 어린 나의 눈에도 고되고 힘들어 보였다. 그런데 엄마는 할머니가 돌아가신 이후에도 성당과 연계한 병원과 요양시설을 다니며 청소 봉사를 하고 치매 어르신들의 식사를 챙기는 일을 오래 계속했다. 돈을 벌기 위해서도 아니고 어디에 내보이기 위해서도 아니었다. 그저 그것이 자신의 사회적 쓰임이라 여겼다.

평생 혼자 살아가지 않는 이상 우리는 누군가를 우리 손으로 돌보게 되고, 나 또한 다른 이의 손에 맡겨지는 때가 온다. 그 대상은 혈연관계의 가족이 될 가능성이 높지만, 친족보다 가까운 친구나 지인, 동거인같이 함께 지내는 생활동반자일 수도 있고, 아직 만나지 못한 미래의 어떤 인연이 될 수도 있다. 내가 누군가를 돌본 시간만큼 나도 누군가의 간병과 보살핌을 받게 될 거라는 믿음, 마음을 다해 돌보는 다른 손을 만날 수 있으리라는 희망으로 지금 나의 돌봄노동을 저축하고 있는 것이라는 생각도 한다. 그렇게 생각하면 마음의 부담이 조금은 덜어진다.

돌봄노동의 주체가 되기 어려워 보이는 어린아이나 노인도 함께 있는 동안 오직 존재만으로 서로를 돌본다. 비슷한 장애나 질환을 겪는 사람들끼리는 말하지 않아도 자연히 아는 것이 많기 때문에 서로 도움이 되는 때가 있다. 곁을 지키는 수많은 과정 속에서 우리는 이렇게 자연스럽게 서로를 돌보고, 스스로를 돌보는 법을 익힌다. 그렇기에 더욱더 잘 돌보는 법, 더 수월하게 돌봄을 받는 법에 관심을 기울이게 된다.

돌봄도 배운 만큼 는다

어머니의 장애등록은 남편이 직접 병원 진료기록과 서류를 준비해서 진행했다. 둘째 아이의 발달재활 바우처를 신청했던 내가 하면 더 수월했겠지만, 남편이 직접 경험해 보는 것이 좋겠다고 판단했다. 늘 행정처리를 귀찮아하는 남편 역시 동의했다. 장기요양심사원이 집을 방문해 심사를 할 때도 남편에게 회사에 가족돌봄휴가를 내라고 했다. 또한 진료기록 사본을 들여다보고 의학용어를 하나하나 검색해 가면서 숙독하기를 권유했다. 뜻밖에 그 과정에서 산정특례 대상 질환이 확인되어 국가로부터 어머니 수술비 일부를 지원받기도 했다. 이 과정을 통해 남편과 나는 환자와 보호자가 질환과 그동안의 경과에 대해 잘 알고 있어야 어떤 응급상황에서도 제대로 대처할 수 있다는 걸 다시 한번 배웠다.

살던 집으로 돌아가신 이후 아버님은 장보기, 청소, 아침 식사를 전담하신다. 이전에도 집안 살림에 능숙한 편이었지만 지금은 요리 동영상까지 즐겨 보신다. 어머니가 혼자 화장실을 왔다 갔다 할 정도로 회복하신 이후로는 매주 사물놀이패에 가서 장구를 치거나, 주말에 자전거 라이딩을 하면서 자기돌봄 시간을 가지기도 하신다.

장볼 때마다 매번 똑같은 것만 사 온다고 아버님에게 불평하시는 어머니는 집에서 생활하며 인터넷 쇼핑에 능숙해졌다. 중요한 의사결정이 필요할 때면 우선 아들에게 전화해 상의하고, 그 아들은 나와 대화한다. 매달 진료를 볼 때면 우리 집에 며칠간 머물면서 병의 경과를 살피고 근황을 나누신다. 두 달에 한 번은 우리가 찾아가 시골집 살림을 돕는다. 이전에는 괜찮다며 신경 쓰지 말라고 손사래 칠 때가 많던 어머니도 지금은 구체적으로 필요한 도움을 청하는 기술이 느셨다. 차에 오르고 내릴 때 몸의 어디를 어떻게 받쳐 줬으면 하는지, 보행보조를 할 때는 어느 정도 빠르기와 자세가 편한지 등 명확히 의사표현을 하신다.

큰아이는 환자인 할머니를 대할 때는 호칭을 구분하여 부른다. 이를테면 "O여사님, 식사 시간입니다. 식탁까지 걸어오실 수 있겠어요?"라든지 "O여사님, 산책 시간입니다. 오늘은 좀 밖에 나가 걸으셔야죠"라는 식이다. 어디서 배운 건지 몰라도 꽤 신박한 방법이라 어머니도 곧잘 따른다. 둘째는 비서 겸 활동지원 역할이다. "물 좀 떠 와라, 지팡이 가져와라, 휴대폰 찾아와라" 등등 할머니 지시사항을 무탈하게 수행할 때마다 스스로 무언가를 해냈다는 효능감과 자신이 누군가에게 도움이 될 수 있다는 감정을 함께 느끼는 듯하다. 할머니의 훌륭한 카드게임 파트너이기도 하다. 두 어린이는 할머니 돌봄을 잘 수행하고 나면 소정의 용돈을 받는다.

돌봄노동에 용돈을 책정하는 이유

모든 가치가 돈으로 치환되는 자본주의 한국사회에서 '노동'이란 필연적으로 생계를 부양할 만큼의 돈을 벌어오는 대외 활동에만 붙일 수 있는 단어다. 반면에 생존을 위한 필수적이고 일상적인 가사와 돌봄노동은 직접적인 재화로 이어지지 못하니, 여전히 제대로 된 노동으로 인정받지 못하거나 하찮은 활동으로 폄하된다. 그러나 우리 집은 다른 가치체계를 구현한다. 우리 집에서는 아이들에게 정해진 시기에 고정적인 용돈을 주지 않고 모든 집안일에 가치를 부여해서 그때그때 용돈을 주는 용돈 계약서를 쓴다. 그중에서도 돌봄노동은 단가가 가장 높다.

백온유 작가의 소설 《페퍼민트》에는 신종 바이러스로 식물인간이 된 엄마를 6년간 살뜰히 보살피는 고등학교 3학년 소녀 시안이 나온다. 소설에서 시안은 가족 간병 시간을 노동시간으로 인정하는 제도 덕분에 최저시급을 받게 되고, 자신이 번 돈으로 아빠에게 새 외투를 사 준다.

돌봄노동이 비단 돈을 벌기 위한 수단을 넘어 가족 사이에 어떤 가치를 주고받는 행위인지 아이들에게 알려 주고 싶다. 그러므로 나 또한 가족 간 돌봄노동이 정당한 화폐가치로 환산되고 인정받는 현실세계를 꿈꾼다.

돌봄의 대상이 누구든(인간이 아닌 동물일 수도 있다) 실질적으로 누군가를 보살피고 돌봄을 주고받은 경험이 있는 이들은 성별이나 나이, 배경이나 학력에 관계없이 어떤 대상과도 마음을 트고 잘 소통할 수 있다는 것이 나의 지론이다. 하나의 생명체를 먹이고, 입히고, 씻기고, 재우고, 공간을 치우고, 빈곳을 다시 채우고 하는 일상의 경험을 통해 '돌봄'이라는 행위가 얼마나 많은 시간과 노력, 감정과 에너지를 소모하는 일인지 깨달을 때 비로소 우리는 그 노동의 가치를 온몸으로 느낀다. 그리고 인생의 어떤 순간마다 나에게도 그런 시간과 에너지를 베풀었던 이들이 있었음에 감사를 느낀다. 적정한 거리를 지키면서도 도움을 청하는 눈빛, 내밀지 못하고 머뭇거리는 손 같은 것들을 알아차리는 기술은 오로지 직접적인 경험을 통해서만 지닐 수 있다. 하는 만큼 배우고, 배운 만큼 는다. 우리 집에서 아이들의 돌봄노동에 용돈을 책정하는 이유가 여기에 있다.

인간은 누구나 언젠가는 아프고 나이 듦은 피할 수 없다는 사실을 우리는 쉽게 잊는다. 정상적인 몸이란 무엇인지, 눈에 띄는 장애가 없다는 이유로 '정상인'으로 분류될 수 있는 것인지,

돌봄이 장애인이나 약자에게 시혜적으로 제공되는 것에 불과한지 다시 생각할 필요가 있다.

지체장애가 아닌 인지장애나 암 등으로 오랜 기간 간병을 하게 된다면 우리 가족의 모습은 어떻게 변화할까. 책이나 영화를 보며 간신히 상상해 보곤 하지만 지치지 않고 오랜 기간 한결같이 간병하는 나의 모습까지 그려 보기는 어렵다. 그래서 두렵기도 하다. 하지만 지금까지 쌓아 온 경험을 바탕으로 우리 가족은 앞으로의 모습을 좀 더 구체적으로 두려워하게 됐다. 두려움을 완전히 제거할 수는 없겠지만, 우리가 실천한 돌봄을 바탕으로 어떤 상황이 닥치더라도 조금은 무난하게 헤쳐 나갈 수 있을 거라 믿는다.

아이를 맡기고 여행을 가도 될까

이민영

아이가 태어나고 만 3년이 넘게 단 하루도 아이와 떨어져 지낸 적이 없다. 그러다가 2박 3일간 가족이 아닌 사람들과 여행할 기회가 생겼다. 가고 싶은데, 정말 가도 될까? 여행 내내 마음이 불편하지 않을까?

누군가는 내게 겨우 5킬로미터 뛰겠다고

어린애를 떼 놓고 2박 3일이나

놀러 가냐고 했다.

하지만 돌아볼수록 잘한 선택이었다.

생생하다. 벚꽃잎이 흩날리던 그 길에 가득 찬 사람들과 함성이. 꽃비를 맞으며 누군가는 유아차를 밀고, 누군가는 의족으로 뛰었다. 또 누군가는 뛰는 것보다 차도를 장악하고 달리는 기분에 심취했고, 다른 누군가는 사진 찍는 데 열중이었다. 그 모두를 구경하면서 나도 뛰었다. 조금씩 숨이 차올랐다. 나와 비슷한 속도로 뛰는 사람의 뒤통수와 저 앞의 종착지를 번갈아 보면서 '걷는 속도보다 느리더라도 계속 뛰기만 하자' 혼잣말을 하며 계속 뛰었다. 평생 잊지 못할 것 같다. 벚꽃잎이 떨어지는 보문호 둘레를 달리던 그날을.

난생처음 달리기를 시작했다

아이를 낳은 지 40개월이 지났을 즈음, 경주벚꽃마라톤대회를 신청했다. 우발적이었다. 평생 뛰어 본 적이 없었다. 온라인으로 참여하는 공부 모임에서는 종종 함께 여행을 했다. 이번에는 경주에서 열리는 달리기 대회를 함께 뛰어 보자고 했다. 매번 부러웠지만 그동안은 함께 갈 엄두가 안 났다. 아이의 어린이집 등하원을 전담하고 있는데, 이를 나 대신 해 줄 누군가를 찾아 부탁하기도 마땅치 않았고, 일에 쫓기면서 놀러 갈 짬을 낸다는 게 언감생심인 것 같았다.

당시 내 상황을 돌아보면, 새벽에 아이 기저귀를 가느라 잠에서 깨는 게 습관이 되어 있었다. 한번 깨면 다시 잠들기 힘들었다. 못다 한 일이 멈추지 않고 떠올랐다. 급한 것도 아닌데 욱신거리는 어깨와 손목을 부여잡고 일하다 아침 해를 맞이하기 일쑤였다. 그런데 공부 모임에서 같이 달리기 대회에 참가하자는 제안이 온 것이다.

차라리 달리기 대회라는 핑계가 생겨 잘됐다 싶었다. 새해도 되었겠다, 5킬로미터 완주를 목표로 삼으면 건강을 챙길 수 있지 않을까 하는 심산으로 달리기를 시작했다. 일주일에 두세 번 동네를 뛰었다. 아이를 등원시킨 뒤 지하철 두 정거장 거리인 전통시장을 전환점 삼아 뛰었고, 회의하러 외출했다 아이를 데리러 가는 길에 어린이집을 종착지 삼아 뛰었다. 달리는 배낭 안은 변화무쌍했다. 어느 날은 빈 용기를 넣고 출발했다 돌아올 때 두부 한 모를 담아 오기도 하고, 어떤 날은 회의할 때 걸쳤던 재킷과 점심으로 먹다 남은 샌드위치가 반쯤 들어 있기도 했다. 출산 후 생긴 무릎연화증이 도져 한두 주는 도무지 뛸 수 없었지만, 그래도 천천히 그냥 뛰었다.

2박 3일, 엄마의 휴가

달리기 대회 참가가 목적이었다면 당일치기나 1박 2일이면 충분했다. 그런데 2박 3일 일정으로 기차표를 예매하고 숙소를 예약

했다. 이 또한 우발적이었다. 어린이집은 2월 중순부터 재정비 기간이었고, 3월엔 아이가 원을 옮기며 적응 기간을 보냈다. 아이와 전시관이나 박물관을 다니는 평일 시간이 즐거우면서도 고단하던 찰나, 문득 이런 생각이 들었다.

'아니, 어린이집도 방학이 있는데 엄마는 왜 휴가가 없지? 직장 다닐 땐 연차라도 있었는데, 내 휴가는 아무도 안 챙겨 주잖아. 안 되겠다, 이왕 멀리 발걸음한 김에 2박 3일 큰맘 먹고 나를 위한 휴가를 쓰자.'

여태 한 번도 아이와 떨어져 자 본 적이 없었다. 내가 부재하는 동안 아이를 돌보고 재울 사람이 부양육자인 아이의 아빠가 아니라, 또 다른 여성인 나의 엄마가 될 게 뻔한 상황이었던 탓이다. 누군가는 내게 겨우 5킬로미터 뛰겠다고 어린애를 떼놓고 2박 3일이나 놀러 가느냐고 했지만 돌아볼수록 잘한 선택이었다. 아이를 낳고 재택근무로 일하다 최근 프리랜서로 전환한 나는 하루 중 대부분 혼자 집에 있었다. 겉으로는 아이를 돌보는 시간을 제외하곤 내 뜻대로 시간을 쓸 수 있는 걸로 보였을지도 모르겠다. 일을 그만두고 싶지 않아 선택한 업무 형태였지만 버거웠다. 등원하기 전 세탁기를 미리 돌려 놓고, 일하다 머리가 복잡해지면 청소기를 돌리며 머릿속을 정리했다. 노트북을 앞에 두고 일하며 점심을 때우고, 업무 통화를 하면서 아이가 하원해 먹을 밥을 안쳤다. 혼자서 동분서주하지만, 다람쥐 쳇바퀴 돌듯 맴돌기만 하는 기분이었다. 고립감이 커졌다. 탈출구가 필요했고, 내겐 그것이 우연히도 달리기였다.

처음엔 1분을 쉼 없이 뛰는 것조차 힘들었다. 지하철역 주변을 지날 땐 출근하는 사람들을 비켜 뛰며 '남들은 일하러 가는데 난 뭘 하고 있는 건가' 싶기도 했다. 그런데 계속 뛰다 보니 '여기서 멈추지 말자, 조금만 더 뛰어 보자'라는 마음만 남았다. 그리고 쉼 없이 5킬로미터를 뛸 수 있게 되었고, 더 빨리 더 멀리 뛰어 볼까 욕심도 생겼다.

시간 빈곤에 시달리는 여성들

엄마들은, 아니 꼭 엄마가 아니더라도 일도 하고 돌봄도 하는 여성들은 정말 바쁘다. 여성일수록 전 연령층에서 시간 빈곤에 시달릴 가능성이 높다. '시간 빈곤'은 노동시간과 필수시간을 제외한 나머지 자유시간이 얼마나 되는지를 살피는 용어다. 여성 중에서도 30~40대, 비혼에 비해 기혼이, 그중에서도 미취학 자녀가 있는 경우에 시간 빈곤 비율이 높다. 나와 비슷하게 아이를 키우고 가정을 돌보는 생애주기에 놓여 있는 여성 대부분은 자유시간이 부족하다.

이런 상황에서 오롯이 자신을 돌보거나 하고 싶은 일을 즐길 시간을 확보할 수 있는 엄마를 찾기란 하늘의 별 따기다. 나 역시 달릴 시간을 확보할 수 없을 땐 출근 전인 배우자에게 잠든 아이를 맡기고 새벽에 일어나 뛰었다. 종종 생각했다. 어떻게 하면 시간 구애 없이 이 잠깐을 뛸 수 있을까? 난 달리기가 좋아서 뛰는 걸까, 아니면 일과 육아를 지금보다 잘 해낼 수 있는 신체가 되기 위해 운동하는 걸까?

매년 정부에서 발표하는 고용률을 보면 기혼 여성의 고용률은 상승하고 고용중단 여성도 감소하고 있다. 여성들이 가사나 돌봄으로 일을 중단하지 않고, 또는 잠시 그만두더라도 다시 복귀할 수 있는 환경을 조성하는 건 물론 중요하다. 하지만 한편으로는 의구심이 들기도 한다. 일을 계속할 수만 있으면 괜찮은 걸까?

많은 여성들이 고용중단 이후 소규모 사업장의 저임금 일자리에 취업한다. 상대적으로 고용 유지 가능성이 나은 환경에 있는 여성들도 가사 및 돌봄의 책임이 적거나 없는 동료들에 비해 주요 업무나 직급에서 배제되는 경우가 많다. 무엇보다 수많은 직장맘들이 이렇게 일—가사—돌봄을 저글링하느라 자신을 위한 시간을 낼 수 없다. 이것이 정말 문제 아닌가.

임금노동을 하는 기혼 여성 10명 중 6명은 희망하는 것보다 여가생활을 누리지 못한다.[10] 실제 여가에 할애하는 시간과

10   조선미 외, 《2023년 여성가족패널조사》, 한국여성정책개발원, 2023 참고.

여가생활에 쓰고 싶은 시간의 차이가 가장 큰 대상도 기혼 여성이다. 전문가들은 노동시간이 많을수록, 남성 배우자의 가사돌봄 분담률이 낮을수록 기혼 여성들의 여가시간이 적다고 말한다.

이토록 힘들게 직장 일과 가사를 둘 다 하느니 육아에 전념하겠다고 하는 엄마들도 있다. 나 또한 지은 죄도 없는데 머리를 숱하게 조아리며 "아이 등하원 시간 때문에 그 일은 하기 어렵다"는 말을 할 때마다 일을 계속하는 게 맞는지 고민해 본 적이 있다. 한편, 성적이나 성과, 소득이나 직급, 또는 '아내'나 '엄마'와 같은 말이 아니면 나를 표현할 방도가 없었단 걸 근래에서야 깨닫는다. 직함과 역할을 책임지는 일들에만 시간을 쓰다 보니, 정작 내가 어떤 사람인지 여태 모르겠다는 깨우침이 쓰라리다.

내가 늘 시간이 부족했던 건 한 사람이 동시에 해낼 수 없는 아내의, 엄마의, 돈 버는 사람의 이상적인 기준에 맞추려 했기 때문인 것 같기도 하다. 어떤 것도 정답은 아니라는 걸 알면서도, 알게 모르게 세상이 바라는 시선에 부응하려고 고군분투해 왔나 보다. '내가 조금 더 노력하면 가까워질 수 있지 않을까?'라는 생각으로 말이다. 아무도 돌보지 않는 무임승차자만이 유지 가능한 돈벌이의 세계, 언제든 준비되어 있어야 하는 돌봄의 세계는 실상 함께 굴러갈 수 없는 수레바퀴다. 돈벌이의 세계에 남는 사람도, 돌봄의 세계를 지탱하는 사람도 둘 다 만족할 수 없는 지금의 기준치가 바뀌지 않는다면, 무언가를 끊임없이 하면서도 놓친 건 없는지 두리번거리는 나의 불안과 그로 인한 불면은 오히려 당연한 결과이지 않을까.

온전한 나로 있을 수 있었던 달리기

경주에서 달리기만 한 건 아니다. 황룡사지에 가고 남산을 오른 것도 참 좋았다. 그렇지만 달린 게 가장 좋았다. 같이 뛰기로 했는데 그만 처음부터 먼저 달려 나가고 말았다. 2~3개월 동안 혼자만 뛰어 봐서 누군가와 맞춰 뛸 줄 몰라서기도 했지만 30분 남짓 뛰는 동안 오롯이 그 시간을 즐기고 싶었나 보다. 그렇게 결승점에 도착하니 조금 눈물이 났다. 완주했다는 기쁨보다는 '달리는 동안만큼은 나 자신에게 집중할 수 있었구나. 그래서 계속 뛰고 싶었고 지금까지 뛸 수 있었구나' 알게 된 게 놀라워서였다. 경주에서 보낸 2박 3일은 황홀하다는 표현이 부족할 만큼 너무나 행복하고 충만한 시간이었다.

나에게는 종종 그저 나로 있는 시간이 필요하다. 어쩌면 달리기를 마치고 흘린 눈물 중에는 다시 엄마가 되고 노동자도 돼도 괜찮은, 아니 꼭 그 무엇이지 않아도 괜찮은 시간을 내게 허락해 주지 못했다는, 스스로를 향한 미안함도 포함되어 있었는지 모르겠다.

달리기 대회 이후에도 여전히 뛴다. 난생처음 보는 가뭇한 피부가 나쁘지 않다. '엉덩이에 힘이 들어간다는 게 이런 감각이구나, 내 배에도 복근이라는 게 정말 있었구나' 확인해 가는 과정이 재미나다. 지금은 늘 혼자 뛰지만 언젠간 러닝크루와 함께 뛰는 즐거움도 만끽해 보고 싶다.

10킬로미터를 한 시간 안에 안정적으로 뛰는 걸 목표하는 초보 러너지만, 요즘 나의 정체성은 '달리는 사람'이다. 건강해져서 무얼 하겠다는 게 아니라 달리기 자체를 즐기고 무리하지 않되 더 잘해 보려 애쓴다. 그리고 그 과정이 나에겐 쉼이 된다.

엄마가 되고 나서 일을 마치고 갈 '집'이 없어졌다. 쉬러 간다는 호캉스도 준비부터 가서까지 온통 할 일로 가득하다. 대신 나는 매일 휴가 간다. 운동화 끈을 질끈 동여매는 걸로, 나의 휴가는 바로 시작이다.

가족의 공용 공간 화장실, 함께 관리할 수 있을까

이효정

남편과 아들 둘과 살고 있다. 그동안 집에서
화장실 청소를 도맡으며 이런저런 생각이 많았다.
가족회의 끝에 서서 사용하는 화장실,
앉아서 사용하는 화장실을 구분하기로 하고
청소 담당은 돌아가면서 맡기로 했지만,
여전히 해소되지 않는 것들이 있다.

"화장실 청소는 결국 나만 신경 써."

하소연을 했더니, 남편은 웃으면서 말했다.

"결국 참지 못하는 사람이 하는 거야."

그럼 정말 끝까지 견뎌 보면 될까?

아침에 일어나 깨끗하게 정리된 주방을 본다. 전날 밤 늦게 귀가한 고등학생 아이의 밥과 간식을 챙겨 준 남편이 설거지에 주방 정리까지 깔끔하게 해 놓았다. 무엇이든 하면 는다고 하는 말이 맞나 보다. 결혼 초 남편은 싱크대 개수대 안의 설거짓거리만 보았지만 이제는 주방 전체를 다 보는 눈이 생겼고, 그 안의 것들을 꽤 잘 다루게 되었다.

집안일은 식구들이 함께하는 일이라는 것을 우리 집 어린이, 청소년도 조금은 체득하고 있을 것이다. 참여도가 높지 않지만 청소기를 돌리기도 하고 빨래가 쌓이면 세탁 후에 건조대에 널어 놓을 때도 있다. 나의 일시적 부재가 강력한 동인이기는 하지만 말이다.

질긴 자가 승리하는 화장실 청소 문제

그러나 집에서 이용만 할 뿐 누구도 신경 쓰지 않는 영역이 있으니, 바로 화장실이다. 화장실은 작은 공간이지만 신경 써서 살펴야 할 것이 한두 가지가 아니다. 얼마 전에는 배수구에서 물이 잘 내려가지 않는데도 다들 불편을 느끼지 못하는 것인지 참는 것인지, 며칠째 그 상태 그대로였다. 배수구 거름망을 들어 보니 머리카락이 쌓여 있었다.

화장실 소모품을 정리하는 일도 적지 않은 시간을 차지한다. 화장지 교체를 비롯해 샴푸는 통에 물을 넣어 마저 쓰고, 치약은 용기를 가위로 잘라 마지막 내용물까지 사용하고 씻어 버려야 한다. 환기는 또 얼마나 중요한가? 물을 많이 사용하는 곳이라 곰팡이나 세균이 서식하기 좋은 환경이기 때문에 문을 열어 두거나 환풍기를 돌리는 일도 신경 써야 한다.

큰아이에게 화장실 청소를 맡긴 적이 있다. 휴대폰 이용 시간을 더 확보하고 싶어 하는 아이에게 화장실 청소를 조건으로 걸었다. 아이 입장에서는 게임 시간을 벌기 위한 노동이었겠지만 가족 모두를 위해 공용 공간을 관리하는 경험이기도 했다.

입시를 앞둘 만큼 훌쩍 커 버린 아이에게 화장실 청소는 추억이 되었다. "그럼 내가 할게." 형이 자신의 나이 즈음 화장실 청소를 맡아서 한 적이 있다는 걸 아는 둘째는 아무 조건 없이 자신이 하겠다고 선언했다. 이 이야기가 둘째가 화장실을 성실히 맡고 있는 것으로 마무리되면 좋겠지만 둘째의 약속은 첫째와 마찬가지로 오래가지 못했다.

"화장실 청소는 결국 나만 신경 써." 하소연을 했더니, 남편은 웃으면서 말했다. "결국 참지 못하는 사람이 하는 거야." 그럼 정말 끝까지 견뎌 보면 될까? 나는 식구들 입에서 "화장실 청소 해야 하는 거 아니야?"라는 말이 나올 때까지 버텨 보기로 했다. 화장실에 붉그스름한 물때가 보이기 시작했다. 타일 사이로 검은 곰팡이가 스멀스멀 생겼다. 못 본 척했다. 그러다 결국 곰팡이 제거제를 바르고 청소 세제를 바닥에 뿌려댄 건 또 나였다.

화장실 관리를 위한 사회적 대화를 시도하다

이쯤 되니, 화장실 더러움 오래 참기로는 내가 백전백패할 것 같았다. 화장실에 대한 사회적 대화가 필요했다. 마침 둘째가 학교에서 보건위생 교육을 받았다고 했다. 둘째는 학교에서 배운 것처럼 변기 뚜껑을 덮고 물을 내리자고 모두에게 신신당부했다. 나도 남성 가족들이 앉아서 소변을 봤으면 좋겠다는 의견을 전했다. 공중화장실에도 같은 내용의 캠페인 스티커가 붙어 있다. 서서 소변을 보면 변기 뚜껑을 열고 물을 내리는 것 못지않게 세균이 튈 수 있다고 하는데, 왜 그와 관련한 위생과 청결 차원의 사회적 문제 제기가 없는 걸까?

둘째는 이미 학교에서 위생을 위해 앉아서 소변을 보는 게 낫다고 배웠다고 한다. "그런데 급할 때는 그럴 여유도 없고 불편해"라며 바로 핑계를 댄다. 어릴 때는 빈 병이라도 들이대 주는 어른들이 있었으니 편함을 제대로 누렸을 것이다. 불편함을 이겨내 보라고 말하려는데, 내가 면 월경대를 세면대에 담가 두면 분명 거북했을 텐데 별말 없었던 가족들이 떠올랐다.

다른 집들은 어떻게 화장실 문제를 풀고 있는지 궁금해서 묻기도 하고 검색도 해 보았다. 성별에 따라 화장실을 분리한 집, 신체 차이 불문 모두 앉아서 볼일을 보는 집, 남성용 소변기를 좌변기에 부착한 집까지, 여러 집에서 가족 구성원의 숫자, 성별 비율, 나이 등에 맞게 방법을 찾아서 화장실을 이용하고 있었다.

우리 집 화장실을 성별로 나누자고 내가 제안했다. 그랬더니 3 대 1은 불공평하다는 의견이 나왔다. 결국 성별과 관계없이 이용하되 모두 앉아서 소변을 보는 곳과 남자들이 서서 봐도 되는 화장실로 나누기로 했다. 화장실에서 내가 겪는 괴로움을 이야기하고 해결방안을 함께 모색한 것으로 첫 사회적 대화가 나쁘지 않았다.

양육자가 되어 다시 경험한 공중화장실

화장실에서 겪는 불편은 집에만 국한되지 않는다. 불편을 넘어 불쾌한 것도 있다. 양육자의 역할을 공중화장실이 규정했다고 느낄 때가 그랬다. 고등학생 큰아이가 아기였던 시절에는 여자 화장실에만 유아용 변기와 기저귀 교환대가 있었다. 여자 화장실에 있는 남아용 소변기를 보면서 '남자 화장실에도 여아용 좌변기가 있을까?' 궁금했다.

어린아이를 데리고 외출하는 아빠들은 공중화장실에서 곤혹스러운 경험을 할 수밖에 없었다. 남편도 밖에서 기저귀를 가느라 애먹었던 일이 있었다. 그 난처함을 떠올리면, 함께 있지 못했던 내 탓이 아님에도 미안한 마음이 들었다. 그러나 미안함 혹은 책임감을 느껴야 할 사람은 내가 아니다. 공중화장실을 설치하고 관리하는 사람들은 양육자가 성별에 구애받지 않고 아이와 공중화장실을 사용할 수 있도록, 아이와 외출하는 것이 두렵지 않도록 세심하게 시스템을 만들어야 하는 게 아닐까?

우리나라 남자 화장실에 기저귀 교환대가 처음 생긴 건 2006년 백화점에서였다. 어린아이를 양육하는 여성들이 마음 편하게 쇼핑하라는 의미에서 만들었다고 한다. 그렇게 시작된 변화라도 보편화해 양육자 역할의 성별 구분이 더 약해지면 더할 나위 없이 좋은 일이다. 최근 미국에서 성별 구분을 없애는 '모두의 화장실' 마련에 앞장서는 곳 중에도 중산층 이상의 사람들이 이용하는 시설들이 있다고 한다. 자본과 사회적 인식을 충분히 갖춘 곳들이 먼저 시작한 변화가 더 넓게 확산되려면 시민들의 요구도 뒤따라야 한다. 우리나라 남자 화장실 중 기저귀 교환대가 설치된 곳이 증가 추세인 것 또한 우리 사회의 인식이 변한 결과고, 이런 변화를 위해서는 불편함을 좀 더 적극적으로 말하는 일이 필요하다. 내 경험의 발화도 변화에 보탬이 되면 좋겠다.

공중화장실 내의 편의시설이 내게 다시 중요해진 건 월경컵을 사용하고부터였다. 화장실에서 월경컵을 씻을 수 있어야 하므로, 기저귀 교환대 유무를 살피듯, 화장실 칸 안에 세면대가 있는지 확인했다. 통에 물을 담아 와서 이용해 보기도 했지만 아무래도 불편했다. 현재 우리나라 공중화장실 구조에서는 장애인 화장실이 주로 화장실 칸 안에 변기와 세면대를 같이 갖추고 있다. 이동권을 위해 애써 온 장애인들 덕에 장애 없는 양육자의 유아차 동반 대중교통 이용이 좀 더 수월해졌듯, 월경컵 사용도 마찬가지인 것이다.

월경컵을 사용하면서 겪은 불편은 여성으로서의 경험이지만, 장애인의 위치에서 화장실을 보게 되는 계기도 됐다. 지하철역, 공원 같은 곳에는 있지만 그 밖에 영화관, 카페 등 우리가 사람들을 만나고 일상을 즐기는 집 밖의 많은 공간에서는 장애인 화장실을 찾기 어려웠다. 나에게 월경컵은 선택의 영역이지만 장애인들에게 장애는 삶의 조건이니, 일상이 제한될 수밖에 없음을 간접적으로 알게 된 계기였다. 비단 장애인 당사자뿐만 아니라 그들과 함께 외출하는 가족이나 친구들도 겪는 문제일 것이다.

'우리 집' 화장실과 '공중'화장실, 그 이름답게

공중화장실의 공중公衆은 누군가를 배제하는 단어는 아닐 것이다. 그러나 법령이 공중화장실의 조건을 정하고 관리하는 범위에는 집 밖의 모든 화장실이 포함되지는 않는다. 국가와 지자체가 관리하는 곳이나 일정 규모 이상의 상가 건물에 있는 화장실만 해당된다.

효율이 중요한 가치가 되는 사회에서 모든 화장실이 똑같은 시설을 갖추기는 어려울 것이다. 그럼에도 공중화장실에서 배제와 차별이 일어나는 현실을 어쩔 수 없는 일로 생각할 수는 없다. 어떤 처지와 입장에서는 나도 당사자가 될 수 있으니까. 장애인을 위한 화장실을 비롯해서 '가족 화장실'이나 '성 중립 화장실', 그 이름이 무엇이든 '모두의 화장실'이 필요한 이유다.

비단 이용자의 권리만이 아니다. 함께 이용하는 공간에 대한 책임은 화장실이라고 예외가 아니다. 우리 집 화장실은 우리 집 구성원 모두 책임지듯, 공중화장실은 이용하는 사람 모두가 함께 책임지는 마음이어야 하지 않을까? 공중화장실을 이용할 때, 스쳐 지나가게 되는 청소노동자의 얼굴을 기억할 수는 없지만 그들의 입장을 생각해 보려고 한다. 우리 집 화장실 관리에 가장 품을 많이 들이는 나의 노동과 마찬가지로 그분들의 노동도 당연하지 않다.

우리 가족은 단지 나보다 위생에 무관심하기 때문에 화장실 청소하자는 얘기를 하지 않은 걸까. 관리의 경험이 없으니 그들에게는 그것을 보는 눈도 없었던 게 아닐까. 혹은 보여도 자기 일이 아니라는 생각에 지나쳤을까. 어쩌면 '화장실 청소도 함께 해야 한다'는, 내가 주는 압박을 외면하려는 의도가 있었을지도 모른다.

쾌청한 휴일, 가족들에게 화장실 대청소를 하자고 제안했다. 여러 명이 함께 작업할 만큼 공간이 넉넉지 않아 역할분담을 할 수밖에 없었다. 공구를 잘 다루는 큰아이가 거울과 수납장을 벽에서 떼어 거실에 놓았다. 둘째가 형이 옮긴 거울과 수납장을 꼼꼼하게 닦았다. 거울과 수납장이 있던 자리의 묵은때와 곰팡이, 손이 잘 닿지 않았던 천장 가까이의 때까지 시간을 들여 닦아 냈다.

이전보다 말끔해진 화장실에 모두 만족했지만 대청소와 달리 홀로 작업이 될 일상적인 청소, 관리는 여전히 협상이 필요하다. 당분간은 관리의 경험을 함께하기 위해 여러 시도를 해 볼 것이다. 그 시도와 경험이 화장실 보는 눈을, 공용 공간을 함께 돌보는 책임감을 키워 주기를 바란다.

아이를 돌봐 주시는 부모님께 어떻게 보상할까

김은희

이혼한 후 엄마와 함께 두 아이를 키우며 살고 있다. 양육과 가사를 분담하는 엄마 덕분에 안정적인 삶을 누리고 있는 한편, 엄마에게 얼마나 보상해야 공정할지 고민한다.

자식을 위한 노동과 금전적 지원을

'사랑과 헌신'이라는 모호한 단어로

뭉뚱그리고 싶지 않다.

사랑과 헌신이 부가가치 항목이 아니라

할인의 명목이 된다는 건

이상하니까.

"잘 자, 내일 저녁에 만나."

매일 밤 아이를 재우며 건네는 인사다. 모두가 자고 있는 고요한 아침에 내 한 몸만 챙겨 조용히 출근한다. 어린 자녀를 키우는 사람이라면 알 것이다. 아이가 제시간에 기관에 갈 수 있도록 먹이고, 씻기고, 입히고, 챙기는 아침이 얼마나 전쟁 같은지를. 사무실에서 여유롭게 커피를 마시며 오늘 할 일을 체크하고 있으면 폭풍 같은 아침을 보내느라 혼이 쏙 나간 동료들이 이미 지친 모습으로 하나둘 회사에 도착한다.

이혼하고 엄마와 함께 산 지 어느덧 6년 차. 지금은 모두의 생활이 안정기에 접어들었지만 초반엔 꽤 애를 먹었다. 육아 베테랑인 엄마도 오랜만에 다시 어린아이의 생활방식에 맞추느라 체력적인 부침을 겪었고, 이제 좀 익숙해지나 싶을 즈음엔 코로나가 터졌다. 가정보육과 격리가 일상이 되면서 돌봄 공백을 메우기 위해 많은 여성들이 직장을 그만둔다는 기사가 연일 쏟아졌다. 엄마 덕분에 무사히 그 시기를 지나왔고 아이들은 어느새 초등학생이 되었다.

한부모 가정은 학교에서 종일돌봄을 받을 수 있지만 우리 집 아이들은 방과 후 수업을 마치면 집에 온다. 아이들이 많은 지역이라 돌봄 신청 가정이 많으니, 대안이 없는 맞벌이 가정에 한 자리라도 양보하라는 엄마의 뜻이었다. 아이들은 하교 후 할머니가 챙겨 주는 양질의 간식을 먹고 휴식을 취하다 학원에 간다. 나 역시 저녁 메뉴 걱정 없이 퇴근해 엄마가 차려 놓은 따뜻한 밥을 먹고 아이들과 함께 하루를 마무리한다. 아이의 일정과 건강에 변수가 생겨도, 갑작스럽게 저녁 약속이 생겨도 우리의 일상은 크게 흔들리지 않는다.

결혼 전에는 집에서 손 하나 까딱하지 않았다. 얼마나 많은 집안일이 유기적으로 돌아가야 집이 유지되는지 내 살림을 꾸려보고 알았다. 이제 퇴근하고 집에 오면 집안 곳곳에 묻어 있는 엄마의 하루가 눈에 들어온다. 차곡차곡 개서 옷장 위에 올려 둔 옷가지들과 로봇청소기를 돌리기 위해 잘 말아 올려 둔 커튼, 싱그러운 새싹에 물을 머금고 있는 화분들까지. 엄마와 함께 살면서 집은 나에게 다시 휴식의 공간이 되었다.

용돈이 아닌 급여를 드리는 이유

같이 살기 몇 년 전 엄마는 아빠에게 퇴직금의 반을 정산해 달라고 요구했다. 아빠 덕에 집에서 편하게 살았다고 평생 입버릇처럼 말해 온 엄마였지만 일련의 사건으로 별도의 노후 준비가 필요하다고 판단했기 때문이다. 아빠는 엄마의 요구에 당황했고, 너무도 당당하게 본인이 번 돈이라며 거절했다. 남매 넷을 키우며 때때로 보험설계사, 요양보호사로 활동하고, 아빠와 같은 직장에 다니는 맞벌이 부부의 아이들을 돌보며 가계살림에 보탬이 돼 온 엄마의 30년 노동이 깡그리 지워지는 순간이었다. "내가 너무한 건가, 더럽고 치사해서 안 받을까 보다" 하던 엄마는 충분히 받을 자격이 있다는 딸들의 응원에 힘입어 결국 절반을 받았다.

나는 엄마가 지금까지 해 온 본인의 노동을 저평가하지 않길 바란다. 엄마가 스스로를 노동자이자 경제인으로 인식하길 바란다. 그래서 용돈이 아닌 급여와 원리금으로 한 달에 두 번 엄마에게 돈을 이체한다. 아이의 일정에 맞춰 생활하며 가사노동을 해 주시는 것에 대한 임금과 지금 사는 집을 구하며 엄마에게 빌린 돈에 대한 이자를 정확하게 호명한다.

돈으로 측정되지 않는 것은 쉽게 간과되는 자본주의 사회에서 서로 건강하게 의존하기 위해서는 가족 간에도 계산이 필요하다. 자식을 위한 노동과 금전적 지원을 '사랑과 헌신'이라는 모호한 단어로 뭉뚱그리고 싶지 않다. 사랑과 헌신이 부가가치 항목이 아니라 할인의 명목이 된다는 건 이상하니까. 엄마의 경력에 상응하는 보상을 제공하고 싶고, 엄마가 스스로 벌어 노후를 준비한다는 자신감과 본인 명의의 자산이 주는 안정감을 갖길 바란다.

하지만 적정한 보상을 지급하고 있는지에 대해서는 늘 자신이 없다. 엄마에게 충분하게 보상하고 싶은 마음과 미래를 위해 조금이라도 더 저축하고 싶은 마음이 충돌한다. 남들은 얼마나 드리는지 궁금하지만 선뜻 묻기 어렵다. 인터넷에선 구체적인 액수보다는 형편에 맞게 드린다는 이야기들이 주로 눈에 띌 뿐이다. 부부라면 같이 형성한 부를 노후에 함께 누리기라도 할 것인데 엄마와 나는 세대차이가 나니, 장밋빛 미래만을 그리며 현재의 분배를 마냥 뒤로 미뤄 둘 수만은 없다. 자의적으로 계산하는 부담을 피하고 싶어 전남편이 보내는 양육비를 고스란히 엄마에게 급여로 드린다. 엄마의 급여는 몇 년째 동결상태다. 매년 양육비 협상을 하자고 전남편과 약속했지만 선뜻 이야기를 꺼내기가 어렵다. 엄마의 급여를 근무시간으로 나눠 보니 최저임금을 살짝 웃돌았고 가사관리사 평균 시급에는 한참 못 미쳤다.

어느 해엔 직장에서 받은 성과급의 10퍼센트를 '여름방학 특별수당'이라는 명목으로 드렸다. 엄마는 예상치 못한 수당에 크게 기뻐하고 고마워하셨다. 하지만 사전에 약속되지 않은 수당은 계속 이어지지 못했다. 여윳돈이 생기면 가정 밖으로 나가는 은행 이자를 먼저 줄이고 싶은 마음이 고개를 든다. 형편에 맞는 적정선을 찾는 일이 쉽지가 않다.

일하는 공간으로서의 집

정부가 주 69시간 근무제를 발표해 논란이 일었던 2023년 봄, 카카오톡 가족 대화방에도 근로시간 개편이 화두에 올랐다. 아빠와 나, 동생은 평소 정치적 입장이 다른데 이 문제에 있어서만은 그건 잘못된 방향이라며 현재의 근무시간도 길다고 이구동성으로 투덜거렸다. 그때 엄마가 한마디 툭 던졌다. "난 근무시간 몇 시간이여?"

어디 멀리 갈 것도 없이 우리 집에 악덕 고용주가 있다고, 고용노동부에 신고해야 되는 거 아니냐며 가족들이 놀렸다. 휴가를 비축해서 원하실 때 다 보내 드릴 테니 제발 신고하지 말아 달라고 너스레를 떨며 그날의 대화를 마무리했다.

엄마와 살기 시작한 초반에는 이런 동거가 서로에게 윈-윈이라고 자신했다. 아빠와 갈등이 깊었던 시기라 나와 같이 산다는 이유로 아빠와 물리적 거리를 두게 된 것이 엄마의 표정을 한결 편안하게 해 주었다. 하지만 그걸로 충분할까?

육아 집중기에 나는 하루 종일 집에서 아이를 보고 집안일을 도맡으며 집을 일터로 겪어 보았다. 그 시절에 내가 갈망했던 자유시간, 나만을 위한 활동에 대한 욕구가 아직도 생생히 기억난다. 이직을 고민할 때는 비금전적 요소도 중요하게 따졌다. 그때 내가 누리고 싶었던 것들을 엄마에게 적용해 본다.

엄마는 매주 금요일마다 본인 집으로 돌아가 주말을 보내고 돌아온다. 가까운 거리가 아닌데도 6년 동안 지키고 있는 엄마만의 루틴이다. 그래서 회사 행사처럼 불가피한 상황이 아닌 이상 금요일 저녁엔 일정을 잡지 않는다. 엄마가 하루라도 더 붙여서 연휴처럼 쉴 수 있게 휴가는 가급적 월요일 또는 금요일에 쓴다. 평일에 자유시간을 조금이라도 더 확보할 수 있도록 학교에서 제공하는 여러 방과 후 프로그램을 신청해 아이의 귀가 시간을 늦춘다. 엄마는 그 시간 동안 운동을 하고, 장구를 치고, 운동하며 사귄 친구들과 밥을 먹고 차를 마신다. 엄마의 근무시간이 늘어나는 방학마다 돌봄을 분산시키기 위한 시간표를 미리 고민하고 세팅해 둔다.

평일 낮에 집에서 벌어지는 일들과 내가 유독 자신 없고 어려워하는 식생활이라는 영역을 엄마가 전적으로 맡아 주시기 때문에, 그 외의 일을 처리하는 건 그리 어렵지 않다. 틈틈이 학교와 각종 기관의 공지사항을 확인하고, 집에 필요한 비품을 주문하고, 주말에 아이와 뭘 할지 계획을 세운다. 주말엔 가전제품을 정기 점검하고, 계절에 따라 옷장을 정리하고, 인덕션과 싱크대 구석구석을 닦는다. 집안일에 내 나름의 공을 들이고 있음을 엄마에게 적극적으로 티 내는 건 엄마가 혼자 이 집을 감당하고 있다는 느낌을 받지 않았으면 해서다.

좋은 직장은 금전적 보상과 복지 혜택도 중요하지만 하루의 많은 시간을 보내는 만큼 함께 시간을 보내는 동료와의 관계도 중요하다. 저녁을 먹으면서, 때로는 아이들이 잠든 이후에 엄마와 종종 이야기를 나눈다. 엄마와 아이들에게 오늘 무슨 일이 있었는지, 어떤 재밌는 책이나 영상을 보았는지, 필라테스 친구들과 커피 마시며 나눈 이야기는 무엇인지 소소한 일상을 차곡차곡 쌓는다. 집이 엄마에게도 휴식의 공간이 될 수 있도록 엄마가 "할머니 퇴근~"을 외치고 방에 들어가면 아무도 엄마의 시간을 방해하지 않는다.

부모자식이 아닌 생활동반자로 살아가기

언젠가 엄마에게 물었다.

"내가 이혼을 하지 않았다면, 엄마에게 육아를 부탁하지 않았다면 엄마도 자녀를 다 키우고 여가를 누리는 사람들처럼 자유롭게 살 수 있지 않았을까?"

엄마는 어차피 남편의 일정에 맞춰 살았을 테니 매여 있긴 매한가지라고 했다. 경제활동을 하지 않으면 눈치가 보여 마음 놓고 여가활동을 하는 게 쉽지 않았을 거라고도 했다. 아이들이 좀 더 커서 여유 시간이 생기면 여가를 즐기기보다 조리사나 요양보호사 자격을 활용해서 일을 하고 싶다는 얘기도 덧붙였다. 요양보호사는 힘든 일인데 왜 엄마가 그 일을 하고 싶은 것인지는 더 묻지 못했다. 사람마다 일을 하고 싶은 동기는 다양할 수 있는데 그걸 설명해야 하는 부담을 드리고 싶지 않았다.

얼마 전 엄마는 남편과의 갈등으로 힘들어하는 친구에게 딸이 아기 낳으면 거기 가서 아이 봐주고 용돈 벌며 살라고 추천했다고 했다. 엄마가 지금의 삶을 괜찮다고 느끼는 듯해 내심 마음이 놓였다.

성인이 되어 독립했던 자녀가 나이 든 부모와 다시 함께 사는 걸 보통 '모시고 산다'고 표현한다. 하지만 부모로서 자녀를 돌봐야 하는 의무가 끝났는데도 나와 함께 생활하기를 선택해 준 엄마는 나에게 부모라기보다 생활동반자다. 엄마의 돌봄으로 자란 내가 엄마와 서로 돌봄을 주고받으며 아이들을 함께 기르는 이 시간이 참 소중하다. 10년 후 엄마가 이 시기를 돌아봤을 때 자식 때문에 어쩔 수 없이 매여 있던, 잃어버린 10년이 되지 않길 바란다. 신체적 경제적 여건이 허락지 않아서 어쩔 수 없이 나와 계속 함께 살 수밖에 없는 것이 아니라 서로 오랜 시간 호흡을 맞춘 결과, 같이 사는 게 편안해서 자연스럽게 자발적으로 같이 살기를 선택하는 것이길 바란다.

오늘도 엄마가 소분해 둔 밥과 국을 데우고 반찬을 꺼내 아이와 든든하게 차려 먹고 주말 일정에 나섰다. 이 시스템의 가장 큰 수혜자는 나다. 엄마의 내조를 통해 일상에 안정감을 누리고 지역공동체 활동에도 기웃거릴 수 있게 된 나는 지금의 공동체가 지속 가능하길 바란다. 나도 엄마에게 든든한 기댈 곳이었으면 좋겠다. 엄마의 일방적인 헌신으로 집이 운영되지 않도록 예민하게 살피며 가족에게 정중함을 잃지 않는 모습으로 살고 싶다.

3장

세상의 논리로부터
집을 지키는 법

돈을 버는 구성원과 그렇지 않은 구성원은 다른가

랄라
아이가 네 살이 되던 해, 회사를 그만두었다. 다른 일을 곧 찾을 거라고 생각했지만 길어진 코로나19와 함께 공백기도 길어졌다. 지금은 이런저런 일을 하면서 다른 삶의 형태를 살아가고 있다.

들뢰즈-가타리에 따르면

자본주의가 작동하기 위해서는

반드시 가족이라는 모터가 필요하다.

하지만 반대로 가족은

자본주의 시스템으로는 작동하지 않는다.

우리 집 어린이와 아파트 공터에서 놀고 있는데 갑자기 비가 쏟아졌다. 공동 현관 지붕 아래에서 비를 피하고 있는데 오며 가며 인사를 나누던 동네 어린이도 비를 피해 곁으로 왔다. 꽤나 낭만적인 순간이라고 생각한 찰나, 동네 어린이가 이야기를 시작했다.

"우리 아빠는 부기장이고 우리 엄마는 수간호사예요. 둘 다 돈을 잘 벌어서 ○○억짜리 ○○평 집도 샀어요."

요즘은 초등학생 때부터 어느 아파트 몇 평에 사는지를 비교하고, 좋은 차가 아니면 학교에서 멀리 떨어진 곳에서 내린다는 이야기를 건너 듣기는 했지만, 직접 듣기는 처음이었다. 어린이가 쏟아 낸 구체적인 수치와 정확한 직위에 당황해 뭐라고 답해야 할까 말을 고르던 중 우리 집 어린이가 망설임 없이 말했다.

"우리 엄마는 아무것도 아니야."

아이들의 머릿속을 차지한 자본주의 가치관

돈이 최고의 가치가 된 시대. 부모의 재산에 따라 계급을 나누는 '수저계급론'이 부끄러운 줄도 모르고 판을 치고, 돈으로 심리적 어려움을 해소하는 '금융치료'가 일상이 된 세상에서 아이들은 무서우리만큼 빠르게 자본주의 가치관을 내재화한다.

돈을 많이 버는 사람이 더 가치 있고, 경제력이 곧 권력이라는 공식은 이미 어린이들의 머릿속 깊숙이 자리하고 있다. 이는 어린이들 사이에서 가난에 대한 혐오로 작동한다. '엘사(LH아파트에 사는 사람)', '휴거(휴먼시아 거지)', '빌거(빌라 사는 거지)'라는 조롱의 언어를 쓰기도 하고, 해외여행 같은 체험학습을 가는 일 없이 개근한 친구를 '개근거지'라고 놀리기도 한다.

코로나 때 10년 다녔던 직장을 그만두고 이런저런 일들을 하며 나는 스스로를 하나의 정체성으로 설명할 수 없다는 점이 많이 불안했다. 하지만 한 번도 내가 하는 일이 없다거나, 가정에 경제적인 기여가 없다거나, 남편에게 기대어 산다고 생각한 적은 없었다. 단지 명함이 없을 뿐, 내가 맡은 역할을 충실히 수행하는 중이라고 생각했다. 그런데 우리 집 어린이가 나를 '아무것도 아니다'라고 했을 때, 문자 그대로 머릿속이 하얘지는 기분이었다. 마음이 얼어붙었다.

어린이집을 졸업할 때 '모든게궁금해상'을 받은 아이는 평소에도 궁금해하는 게 많다. 요즘은 이런 질문을 한다.

"엄마, 조향사 되면 돈 많이 벌어? 수의사는?"

직업을 꿈으로 인식하게 된 아이는 어떤 일을 하면 돈을 많이 벌 수 있는지 궁금하다. 거리의 가게를 지나면서도 묻는다.

"편의점 하면 돈 많이 벌어? 네일숍은?"

아이에게 왜 그게 궁금한지, 돈을 많이 벌면 뭘 하고 싶은지 물었더니 "그냥, 돈 많이 벌면 좋잖아"라고 한다. 맞는 말이다.

돈을 많이 벌면 좋다. 아니, 돈을 많이 벌어야 좋다. 양육자들이 어린이에게 기대하는 모습도 돈을 잘 버는 사람이 되는 것이지, 그 반대를 상상하기는 쉽지 않다.

마찬가지로 아이도 돈을 잘 버는 양육자를 좋아한다. 이혼한 지인을 만나고 온 날 저녁, 아이는 만약에 엄마 아빠가 헤어지면 누구와 살게 되는지 물었다. 너는 어떻게 하고 싶냐고 되물으니 아이가 말했다.

"음, 엄마는 집이 없으니까 아무래도 아빠랑 살아야 되지 않을까?"

가부장제와 자본주의 살아내기

남편과 나의 위치가 다르다는 감각은 아이를 낳고 얼마 되지 않아 찾아왔다. 육퇴(육아퇴근)한 밤. 거실 식탁에 마주 앉아 같은 기종의 노트북으로 남편은 회사 일을 하고, 나는 아이가 쓸 로션을 검색하고 있었다. 갑자기 기운이 확 빠졌다. '내가 지금 뭘 하는 거지? 이러려고 열심히 공부하고 치열하게 살아왔나?' 하는 생각에 이르렀다. 태어난 지 얼마 안 된 아기의 로션을 고르는 일이 왜 그렇게 무가치하게 느껴졌을까. 남편은 돈을 버는 일을 하고 나는 무임금 노동을 한다는 차이가 너무나도 선명했기 때문이었을 것이다.

로션은 시작에 불과했다. 그때는 출산한 지 얼마 되지 않아 회사에 속한 몸이었지만 퇴사를 하고 나자 남편은 전에는 한 번도 하지 않았던 말들을 했다. 누군가는 매일 아침 국이 곁들여진 아침상을 받는다든가, 누군가는 출장 가방을 아내가 챙겨 준다는 이야기를 늘어놓았다. 그리고 동료들과 이런 이야기를 나누면서 자신에게는 해당 사항이 없을 일이라고 말했다고 황급히 덧붙였다.

미국의 경제학자 낸시 폴브레 Nancy Folbre 는 가부장제를 중심으로 한 자본주의 사회에서 여성은 종속적 존재가 되었다고 말하며, 주로 여성이 맡은 가족돌봄이 경제적 산출에 직접적인 기여를 하지 않는다는 이유로 혜택을 거의 받지 못했다고 설명한다. 자본주의 시장에서는 가족돌봄의 가치를 고려하지 않는 탓에 노동력을 생산하는 가족에 보상하지 않은 채 노동력을 이용하고 있다는 것이다. 독일의 사회학자 마리아 미즈는 이것을 '여성의 가정주부화'라고 명명했다.[11]

남편은 왜 불쑥 국이 곁들여진 아침상 얘기를 입 밖으로 꺼냈을까. 어쩌면 오래전부터 그가 생각했던 아내의 이미지는 그런 것이었는지도 모르겠다. 그가 그토록 원한다면 힘들어도 품을 내어 기꺼이 해 줄 수 있는 일이기도 했다. 그런데 그 '국'이

---

11 마리아 미즈, 최재인 옮김, 《가부장제와 자본주의》, 갈무리, 2014 참고.

'그놈의 국타령'이 된 것은 밥벌이를 하지 못하는 자가 감내해야 할, 혹은 응당 제공해야 할 노동인 것처럼 느껴졌기 때문이다. 돈을 벌며 커리어를 쌓고 있지 않다는 이유로 내가 감당해야 하는 것이 모든 가사노동과 육아라는 사실에 한 번도 동의한 적이 없었다. 생각이 거기에 미치자 번뜩 정신이 들었다.

그때부터가 투쟁의 시작이었다. 가족 안에서 내 정체성을 주부로 단일화하지 않기 위해서 끊임없이 싸워야 했다. '생계부양자'와 '가사노동 및 돌봄노동자'가 성별에 따라 나누어지지 않도록, 우리 집 어린이에게 편견과 고정관념이 생기지 않도록 성별 분업에 조금이라도 흠집을 내야겠다고 생각했다. 남편에게 적어도 자기돌봄은 책임지고 할 것과 일정 정도의 가사노동, 양육자로서의 역할을 요구했다. 퇴근 후 집에 돌아오면 아이 씻기기와 설거지 중에 하나는 반드시 남편이 담당하기로 합의해야 했다는 뜻이다.

"내가 밖에서 돈 버느라 얼마나 힘든데."

"누구는 일 안 해 봤어? 하루 종일 애 보는 게 얼마나 힘든지 알아?"

자주 실랑이하던 우리가 반드시 거쳐야 하는 과정이었다.

그 당시 우리 가족에게 가장 도움이 됐던 건 아이가 만나는 다른 어른들이었다. 우리는 협동조합이 운영하는 공동육아 어린이집을 선택했다. 그곳에서 다양한 모양의 가족들을 만났다. 무엇보다 그곳은 아빠의 육아 참여도가 일반 기관에 비해 월등히 높았다. 그런 점에서 아이는 아빠도 돌볼 수 있다는 감각을 충분히 익혔다. 동시에 엄마의 부재에 익숙해졌다. 엄마가 없어도 아빠, 혹은 친구의 양육자가 충분히 자신을 돌봐 줄 수 있음을 확인했다. 그리고 그 시간 동안 나는 돌봄노동자나 가사노동자가 아닌 또 다른 정체성의 내가 될 수 있었다.

들뢰즈-가타리에 따르면 자본주의가 작동하기 위해서는 반드시 가족이라는 모터가 필요하다. 하지만 반대로 가족은 자본주의 시스템으로는 작동하지 않는다. 그렇기에 가장 가깝고도 밀도 있게 경험하는 가족관계를 어떻게 감각하느냐가 자본주의를 대하는 아이의 태도를 길러 주는 시작점이 된다.

기꺼이 돌보는 우리 사이

저녁 8시 59분, 남편에게서 메시지가 도착했다.

남편: 퇴근
나: 나는 아직 안 퇴근
남편: 나 도착하면 퇴근해

진심일까? 슬며시 솟아오르려는 의심을 애써 누르고 다시 한번 메시지를 읽었다. 우리 사이에 이런 대화가 가능하다니, 고무적이다.

남편은 여전히 주 생계부양자의 역할을 맡고 있다. 나는 매일 분주하지만 내가 하는 일들이 가정에 직접적인 경제적 기여로 이어지진 않는다. 쉽게 말해, 돈 안 되는 일이 많다는 것이다. 하지만 우리는 이제 칼로 선을 긋듯 역할을 나누지 않는다. 덕분에 바닥에 머리카락이 굴러다니고 소파에 빨래가 널려 있는 날이 많기는 해도 상대방을 탓하거나 '못 참는 사람이 지는 거'라며 미루지 않는다. 할 수 있을 때 하고 기꺼이 한다.

직장맘도, 전업맘도, 그리고 그 사이 어딘가 있는 나도, 엄마라면 누구나 막막하게 만드는 두 글자 '방학'. 이번 방학에 온종일 아이와 함께여야 하는 날들이 있었다. 일주일에 한 번 출근하는 사무실에도 같이 가고, 독서모임에도, 여성의 날 행사에도 함께 갔다. 그렇게 곁에서 나의 일상을 촘촘히 지켜본 아이가 말했다.

"와, 엄마 정말 하는 일 많다."

그 한마디면 충분했다.

돌봄노동은 그 가치를 제대로 인정받지 못한 채 '그림자 노동'으로 불려 왔다. 모든 것에는 그림자가 있고 그림자는 지울 수 없다. 우리 가족이 서로의 그림자를 볼 수 있는 사이라면 좋겠다. 그리고 서로를 기꺼이 돌보는 사이이길 바란다. 서로에게 마음을 내어주는 관계에서는 돈이 절대 권력이 될 수 없다.

아이들 경제교육, 무엇을 강조할까

이성경
성장과 자본이 전부인 듯 휘몰아치는 세상에 경계심을 품는다. 사람의 삶 속 보이지 않는 가치를 지켜 내고 싶다.

"무엇을 원해서 그렇게 열심히

만능 버튼을 눌렀나요?"물으면

학생들 대부분은 "돈"이라고 답한다.

나는 다음 질문을 던진다.

"이번에는 원하는 것을 얻는 대신,

누군가 다친다는 조건이 붙습니다.

누르시겠습니까?"

금요일 저녁, 주말에 먹고 싶은 음식을 걸고 가족들과 보드게임을 했다. 네 식구의 식성이 뚜렷하게 갈리다 보니 메뉴 선택에서 합의점을 찾기 어려워 몇 년 전부터 우리 집만의 전통처럼 자리 잡은 방식이다. 루미큐브와 원카드를 연속으로 이긴 첫째 아이가 치킨을 고르며 일요일에 배달 주문을 하자고 했다. 쓰레기가 많이 나와 배달 주문을 자주 하지는 않지만, 아이가 월경 중이라 외출이 불편하다는 말에 가족 모두가 흔쾌히 동의했다.

약속한 일요일, 음식을 주문할 시간이 되자 폭우가 쏟아지기 시작했다. 천둥과 번개까지 동반된 상황이라 아이들에게 오늘은 음식을 시켜 먹기 어렵겠다고 말했다. 당연히 아이들이 금방 수긍하리라 여겼다. 그런데 아이들은 배달 앱에 '가능'이라고 뜬다며 이해할 수 없다는 듯, 빨리 시켜 달라고 재촉했다.

"비가 너무 많이 와서 도로가 미끄럽잖아. 기사님이 무리하다 사고라도 나면 어쩌니. 집에 밥이 없는 것도 아니고 이런 날씨에 굳이 배달음식을 시켜 먹을 필요는 없잖아."

이 정도 설명이면 충분할 줄 알았는데 오히려 더 격앙된 목소리가 돌아왔다.

"아니, 비가 오니까 나가기 귀찮아서 그런 거지, 비가 오니까 배달시키지 말라는 게 무슨 소리야? 배달기사님은 비 오는 날 추가 요금을 받아서 평소보다 돈을 더 많이 버니까 좋은 거지!"

예상치 못한 대답에 놀라 다시 물었다.

"우리 집 오는 길에 사고가 날 수도 있고, 비 맞고 감기라도 걸리시면 너무 힘들잖아."

"그런 위험을 모르고 배달 일을 하겠어? 그런 걸 감수하면서 돈 벌기 위해 그 일을 선택한 사람들이야. 위험 부담이 싫으면 안 나오겠지. 왜 그런 것까지 우리가 신경 써야 돼?"

아이들은 단순한 투정을 부리고 있는 게 아니었다. 아이들의 말에는 '위험은 개인이 선택한 대가'이고 '돈이 사람의 안전과 생명보다 우선한다'는 사고방식이 작동하고 있었다. 나는 순간 할 말을 잃었다. 아이들이 세상에 태어나 불과 10여 년 만에 익힌 돈의 논리는 강력했다. 주변에서 무심코 주고받는 대화와 유튜브 같은 매체로부터 스며든 세태가 아이들의 언어가 되어 돌아온 것이다.

앞으로 100년을 살아갈 아이들인데, 그 긴 삶을 '돈이면 다 된다'는 믿음 속에서 살아가도 괜찮은 걸까? 아이들이 그런 삶에 순응하는 태도를 두고 볼 수 없었다. 돈이면 다 된다는 생각이 당연해질까 봐 걱정스러웠다. 무엇보다 아이들이 혹여 자신의 생명이 위협당하거나 부당한 대우를 받는 순간에 "이건 나의 선택이니 어쩔 수 없다"라며 스스로를 체념해 버릴까 봐 마음이 급해졌다. 아이들과 이야기를 많이 나누는 편인데 정작 돈에 대해서는 그러지 못했다는 사실을 뒤늦게 깨달았다. 아이들이 긴 인생을 살아가는 동안, 숫자에 가려진 소중한 가치와 돈이 만드는 불평등한 사회구조를 볼 줄 아는 눈을 키우면 좋겠다는 마음이 간절했다.

무엇이든 가질 수 있는 버튼

초등학생을 위한 성교육이 있는 날, 강사인 나는 교실 앞 큰 모니터에 빨간색 버튼 하나를 띄워 놓고 학생들에게 질문을 던졌다.

"자, 여러분 책상 위에 가상의 버튼을 만들어 보세요. 이 버튼은 원하는 것은 무엇이든 얻을 수 있는 버튼입니다. 누르시겠습니까? 단, 죽은 사람을 살리거나 초능력을 갖는 등 현실에서 불가능한 것은 얻을 수 없습니다."

안내가 끝나기도 전에 여기저기서 책상을 두드리는 소리가 요란하다. 한 명씩 다가가 "무엇을 원해서 그렇게 열심히 버튼을 눌렀나요?"라고 물으면 대부분은 "돈"이라고 답한다. 초등학생, 중고등학생은 물론 양육자 수업에서도 크게 다르지 않다.

"이번에는 원하는 것을 얻는 대신, 누군가 다친다는 조건이 붙습니다. 누르시겠습니까?"

버튼을 누르는 손에 망설임이 실린다. 누군가 다친다면 누르지 않겠다며 단호히 선을 긋는 이도 있고, 여러 질문을 던지며 판단을 유보하는 이도 있으며, 누가 다치든 상관없이 원하는 것을 얻겠다는 이도 있다.

"다치는 사람이 제가 아는 사람인가요? 제 가족일 수도 있나요?"

"아는 사람일 수도 있고, 아닐 수도 있어요."

망설이던 학생이 결국 버튼을 누른다. 이유를 묻자, 어려운 문제를 풀어낸 듯 뿌듯한 표정으로 그가 말했다.

"제가 버튼을 눌러서 엄청난 부자가 되면 그 돈으로 해결하면 되잖아요!"

그 답에 동조하며 뒤늦게 버튼을 누르는 친구들도 있다. 피해 보상금을 넉넉히 주면 괜찮지 않겠냐거나, 돈이 많으니 충분히 좋은 치료를 해 줄 수 있다는 말이다.

마지막으로 또 다른 조건을 덧붙였다.

"이제 이 버튼을 누르는 순간, 세상에서 사람에 대한 존중이 사라집니다. 누르시겠습니까?"

침묵이 길어진 틈에 누군가 말한다.

"제가 억만장자가 되면 돈으로 못할 게 없잖아요. 존중 따위 없어도 되죠, 뭐."

몸과 돈, 성교육과 경제교육

성교육에서 웬 돈 이야기냐고 할 수 있지만, 이 버튼은 타인의 몸과 성을 착취하는 구조를 이해하게 하는 장치다. 우리 몸보다 돈이 더 중요하다는 인식, 돈이면 다 된다는 믿음은 결국 사회 곳곳에서 구체적인 폭력으로 드러나고 있다. 알몸 사진을 보내는 대가로 10만 원을 준다고 하면 보낼 것인지 아이들에게 물으면 대부분 보내지 않겠다고 하지만, 100만 원을 준다고 하면 진지하게 고민한다. 돈으로 몸과 성을 살 수 있는 것처럼 여기고 "팔 게 없으면 몸이라도 팔아야죠"라고 되묻는 아이들도 있다. 그 말을 듣는 순간 마음이 철렁 내려앉았다. 하지만 그런 답을 하는 건 아이들 잘못이 아니다. 몸의 소중함이나 권리보다 돈의 가치를 먼저 배우게 만든 건 어른들이고, 우리 사회다.

N번방 사건, 딥페이크 등 디지털 성폭력의 배경에도 결국 돈이 있었다. 웹하드 업체-헤비 업로더-필터링 업체-디지털 장의업체가 한통속으로 불법 성착취물을 유통하며 수백억 원대의 수익을 올린 웹하드 카르텔 사건도 있다. 행위자들은 돈을 벌 수 있다면 누군가 고통받는 것, 심지어 죽는 것조차 개의치 않았다. 피해자가 죽으면 '유작'이라 이름 붙여 팔았다. 성착취물을 유통해 350억 원의 불법 수익을 챙긴 핵심 인물 양진호[12]의 범죄 수익 중 단 한 푼도 몰수되지 않았다는 기사[13]에 이런 댓글이 달려 있다.

---

12 국내 웹하드 업계 1위 업체인 '위디스크'와 2위 업체인 '파일노리'의 실 소유주.
13 〈양진호는 왜 제대로 처벌받지 않았는가?〉, 여성신문, 2025년 8월 29일자 기사.

"돈이 많잖아. 돈으로 여기저기 틀어막는 거지. 이게 대한민국의 현실……. 유전무죄."

우리 사회에서 돈을 버는 과정은 존중받지 못한다. 많은 경우 돈을 어떻게 벌었는지보다 얼마나 많이 벌었는지만 평가받는다. 과정이 정직했는지, 타인을 착취하지 않았는지, 사회에 기여했는지는 잘 보지 않고 결과, 즉 숫자(수입, 재산)로만 가치를 판단한다. 돈의 이력보다 돈의 많고 적음이 중요하다. 많은 돈은 유능한 변호사를 고용하는 힘이 되어 범법자의 돈을 지켜준다. 수많은 여성에게 금전적 정신적 신체적 피해를 입힌 양진호는 몇 년 뒤 자유의 몸이 되고, 수백억 자산가로서 남은 생을 살아갈 것이다. 이것이 그 한 사람의 문제일까? 웹하드 회사를 직장으로 선택한 사람들이 있고, 돈을 벌기 위해 성착취 영상을 업로드한 사람들이 있으며, 성착취물에 돈을 지불한 사람들이 있다.

N번방 사건 이후 나는 여러 현장에서 디지털 성폭력 예방 교육을 이어 왔다. 많은 양육자들이 제작과 유포에 가담한 주범들에 분노를 쏟아 냈지만, 단순한 호기심으로 영상을 찾아보는 것까지 범죄로 처벌하는 것은 지나치지 않느냐고 반문했다. 그러나 타인의 몸과 성을 클릭 몇 번으로 소비하는 이들이 있기에, 그 욕망을 자극해 막대한 이익을 챙기는 이들이 존재할 수 있다. 소비가 사라지면 성착취물 산업 자체가 성립할 수 없다.

피해자의 입장에서 보면, 최초 제작자가 이 세상에서 사라진다고 해도 누군가 여전히 영상을 찾아보고 시청하는 한 고통은 끝나지 않는다. 성착취물로 돈을 버는 사람들 못지않게, 아니 어쩌면 그보다 더 나쁜 사람이 바로 성착취물을 소비하는 사람들이라고 말해도 결코 과장이 아니다.

　돈을 버는 것과 쓰는 것에 도덕성 교육이 반드시 필요하다. 나쁜 소비가 사라지면 나쁜 구조는 무너질 수밖에 없다. 디지털 성착취에만 해당되는 문제가 아니다. 조회수를 높이기 위해 누군가를 악의적으로 음해하는 가짜뉴스를 퍼뜨리면서 돈을 버는 유튜버들도 넘쳐난다. 돈이 곧 성공의 기준이 된 사회의 민낯이다. 돈에 대한 욕망 앞에서, 누군가를 차별하고 욕하는 폭력마저 콘텐츠라는 이름으로 포장되고 삶의 기술인 양 둔갑한다. 노동자의 안전과 권리, 지구의 지속 가능성을 외면한 채 이윤만을 극대화하려는 기업들 역시 같은 맥락 속에 있다. 자극적이고 폭력적인 콘텐츠로 향하는 클릭을 멈추고, 무분별한 소비에 스스로 질문을 던져야 할 때다.

　돈을 어떻게 벌고 어디에 쓸지에 대한 자신만의 분명한 기준이 필요하다. 누구와 어떤 일을 함께하며 돈을 벌고, 언제 어떻게 쓸 것인가 하는 선택은 곧 내가 어떤 삶을 지향하는지, 어떤 세상을 함께 만들고자 하는지를 드러내는 삶의 선언이 된다.

수업의 끝에, 버튼을 누르지 않은 아이에게 이유를 물었다.

"사람에 대한 존중이 사라지면 저도 존중받지 못하잖아요. 아무리 많은 돈이 있어도 서로 존중하지 않는 사회에서는 안전하고 행복하게 살 수 없을 것 같아요."

아이들이 수업에서 얻은 깨달음을 잊지 않고, 선택의 순간에 폭력의 길이 아닌 존중의 길로 걸어가길 바란다.

돈보다 중요한 네모

우리 집에는 식탁을 다 덮을 만한 흰색 전지가 늘 준비되어 있다. 가족 규칙을 정하거나 중요한 주제를 나눌 일이 생기면 우리는 언제나 전지부터 펼친다. 각자의 생각을 자유롭게 적어 나가면 말로만 주고받을 때보다 집중도가 높아지고 대화도 훨씬 깊어진다. 무엇보다 기록으로 남아 있기에 시간이 지나도 종종 꺼내 보며 다시 이야기를 나눌 수 있다는 점이 큰 매력이다.

오늘의 주제는 '돈'이다. 원하는 것은 무엇이든 가질 수 있는 빨간 버튼 이야기로 말문을 열었다. 가족 모두 예외 없이 버튼을 누르며 바란 것은 돈이었다. 첫째는 100억을 원한다고 했고, 둘째도 질 세라 100조를 원한다고 했다.

"와, 상상이지만 100조가 생긴다고 하니까 엄마도 엄청 신난다. 우리는 오늘도 돈을 썼고, 평생 돈이 필요해. 돈은 중요한 거야. 너희들은 돈이 그렇게 많이 생기면 뭘 하고 싶어?"

아이들이 돈을 싫어하거나 멀리하는 태도를 갖지 않기를 바라며 즐거운 상상으로 시작했다. 충분한 돈은 하기 싫은 일을 하지 않을 수 있는 자유를 주기도 하고, 생계 고민에서 벗어나 나다움을 발견하며 주체적으로 살 수 있는 여유가 되기도 한다.

"사람들은 대부분 많은 돈을 원해. 많은 돈을 원하는 마음은 잘못이 아니지. 하지만 다른 사람을 다치게 하거나 사기로 속이고 타인의 시간과 노동을 존중하지 않은 채 착취하면서 수단과 방법을 가리지 않고 돈을 버는 것은 잘못이야."

내가 이야기를 꺼내자, 첫째가 눈을 반짝이며 소리쳤다.

"나 이거 학교에서 배웠어! 바나나 농장에서 일하는 농부들은 하루 종일 땀 흘려도 바나나 한 송이 값 중 아주 조금밖에 못 받는데, 농장 주인이나 유통 회사들은 농부가 받는 돈의 열 배, 스무 배를 챙긴대. 정작 몸에 해로운 농약 마셔 가면서 힘든 일을 한 농부들은 병들고 가난하다는 거야."

"그래, 그런 걸 불공정이라고 해. 어떤 사람은 위험에 노출되며 온 힘을 다해 일하고도 최소한의 몫밖에 받지 못하지만, 어떤 사람은 그 위에서 엄청난 부를 독차지하지."

그때 남편이 입을 열었다. 그는 공사 현장에서 산업재해로 세상을 떠난 형의 이야기를 차분히 들려주며, 최근 정부가 핵심

과제로 삼는 중대재해처벌법[14]이 왜 중요한지 설명했다.

나는 전지 맨 위에 큼지막하게 "돈보다 중요한"이라는 글씨를 적고 그 옆에 빈 네모를 크게 그렸다. 가족들이 한마디씩 덧붙이며 네모를 채워 나갔다. 디지털 성착취와 산업재해 이야기를 먼저 나눈 덕분에 "목숨", "안전", "몸"이 가장 먼저 자리를 잡았고, 이어 "사랑하는 마음", "관계", "양심", "평화", "재미", "건강", "추억", "가족"이 하나둘 더해졌다.

전지 아래쪽에는 큰 원 두 개를 그렸다. 왼쪽에는 "돈을 버는 것", 오른쪽에는 "돈을 쓰는 것"이라고 적고 어떻게 돈을 벌어야 하는지, 또 어떻게 쓰는 것이 좋은지 자유롭게 떠오르는 생각들을 적어 내려갔다.

"돈은 공정하게, 떳떳하게, 정직하게 벌어야지!"

"다른 사람에게 피해 주지 않으면서 벌어야지!"

"이왕이면 사회에 도움이 되는 일을 하면서 벌면 좋겠네!"

계속 이야기를 나누다 보니, 예상치 못한 대답도 나왔다.

"엄마 아빠가 쉬어 가면서, 건강하게 돈을 벌면 좋겠어."

순간 웃음이 터져 나왔지만, 마음 한편이 따뜻해졌다. 아이

---

14 2022년 시행된 법으로, 경영책임자에게 안전 확보 의무를 부여하고 이를 소홀히 할 경우 형사처벌까지 가능하게 한 법이다. 한국은 OECD 국가 중 산업재해 사망률 1위라는 불명예를 안고 있으며, 법 시행 이후에도 건설, 물류, 제조 현장에서 잇따른 사망사고가 발생하고 있다.

들의 눈에는 돈보다 부모의 건강과 쉼이 먼저였던 것이다. 편법, 투기, 불법적인 방식으로 돈을 벌어도 '돈만 많이 벌면 성공'이라는 인식이 팽배하고, 반대로 정직하고 성실하게 일해도 '돈을 많이 벌지 못하면 무능하다'는 낙인이 찍히는 사회 속에서, 우리 집에서만큼은 사람의 삶과 존엄을 지켜 내는 대화를 아이들과 더 자주 나누어야겠다고 다짐했다.

아이들의 생각은 아직 가족이라는 울타리 안에 머물러 있다. 그러나 이런 마음으로 세상을 바라보고 공감하는 힘을 키워 간다면, 언젠가는 집 밖에서 벌어지는 일에도 관심을 가질 수 있지 않을까. 예를 들어, 폭우 속에서도 정해진 시간에 배달하지 못했다는 이유로 불이익을 받는 플랫폼 노동자의 구조적 현실 같은 문제 말이다.[15]

마지막으로 '돈을 잘 쓴다는 것'에 대해 이야기를 나누었다. 과자를 사서 혼자만 먹는 친구가 쪼잔해 보였다는 아이의 말에, 내가 가진 것을 나누는 기쁨에 대해 이야기했다. 또 친구들과

---

15 배달 플랫폼은 최소 배달 건수와 수락률, 이행률을 기준으로 기사에게 인센티브나 페널티를 부과하며, 이는 날씨와 무관하게 적용된다. 일정 기준을 채우지 못하면 추후 배차 중단 등 제재를 받게 돼 사실상 노동을 강제하는 구조라는 비판이 제기된다. 특히 기상이변에도 배차가 유지되고, 일부 플랫폼은 '악천후 인센티브'까지 도입해 기사들의 노동 강도를 오히려 높이고 있다. 2025년 상반기에만 배달 중 사고로 16명이 사망한 가운데 배달노동자 82퍼센트가 배달 중 사고를 경험한 것으로 나타났다. 노동조합에서는 플랫폼 미션이 속도 경쟁과 휴식 박탈을 부추겨 노동시간의 증가로 이어지면서 사고를 부추기고 있다고 말한다.

'인생네컷'을 찍거나 노래방에 갈 때 즐거운 추억을 남길 수 있어서 돈을 가치 있게 쓰는 기분이라는 대답도 나왔다. 우리는 돈을 잘 쓰는 경험을 계속 나누며 목록을 늘리기로 했다.

돈의 많고 적음보다 중요한 것은 돈을 대하는 우리의 태도와 선택이다. "많은 돈을 벌 수 있어도 누군가 다친다면 버튼을 누르지 않겠다"라고 주저없이 말하는 아이들을 더 많이 만나고 싶다. 그 선택을 존중하고 지지하며 곁에서 함께 걸어 주는 어른들이 많아진다면 '돈이면 다 된다'는 믿음은 서서히 힘을 잃을 것이다.

며칠 뒤, 같이 자자며 내 손을 잡아끄는 우리 집 아이에게 일이 아직 남았으니 먼저 자라고 말했더니, 아이는 돈 주제로 활동했던 전지를 꺼내 펼쳤다. 그리고 확신에 찬 목소리로 말했다.

"여기 봐. 돈보다 중요한 '건강', '가족', '관계', 안 보여?"

스마트폰을 쓰는 아이에게 어떻게 조언할까

이마사라

초등학교 고학년생이 된 아이에게 스마트폰을 마련해 주고 근심이 많아졌다. 과잉 통제와 방임 사이에서 어떻게 균형을 맞출지 고민 중이다.

아이가 피해자가 아닌 괴롭히는 편,

그러니까 가해자가 될 수도 있다는

사실을 깨달은 순간,

가슴이 철렁 내려앉았다.

큰아이에게 드디어 스마트폰이 생겼다. 여느 집과 마찬가지로 스마트폰은 아이가 초등학교에 입학한 이래 끊임없이 우리 사이를 논쟁으로 부추긴 뜨거운 감자였다. 고학년이 되면 사 주겠다고 수차례 약속하며 논쟁의 순간을 모면하곤 했으니 더 이상 안 사 줄 도리가 없었다. 구형 아이폰을 초기화하고 새 번호를 개통했다.

아이에게 스마트폰이 생겼다

아이는 끊임없이 울려대는 카카오톡의 바다에 휩쓸려 갔다. 같은 반 친구끼리 단체 대화방을 만든 뒤로는 그렇게 좋아하던 책 읽기도 소원해졌다. 학교에서 돌아오면 자신이 보낸 메시지에 숫자가 없어졌는지부터 확인하고 아무도 답이 없으면 조바심을 냈다. 심심한 주말 오후 시간에 왜 알림이 울리지 않는지, 새로 바꾼 프로필에는 몇 명이나 '좋아요'를 눌렀는지 수시로 확인하는 모습을 보며 아이와 점점 멀어지고 있다는 생각이 들었다. 예상보다도 더 이른 시기에.

아이는 급기야 가족들을 멀티 프로필 속에 가둬 버렸다. 스마트폰이 생긴 지 6개월 만의 일이었다. 내게 보이는 아이의 프로필 화면이 일반 프로필과 다르다는 사실을 가까운 친구 C가 언질해 준 덕에 알게 되었다. 아이가 '이모'라고 부르며 편하게 지내는 나의 25년지기. 비혼 1인가구인 C와 전형적인 4인 구성의 우리 가족은 서로를 '조립식 가족'이라고 칭하며 원가족보다 자주 왕래한다. C는 얼마 전 함께한 여행 내내 아이로부터 SNS 특강을 들었다고 했다. 자신도 모르는 여러 기능을 배우는 과정에서 우연히 멀티 프로필에 대해 알게 되었다며 C는 말했다.

"프로필 사진 자주 바꾸지 말라고 네가 잔소리할까 봐 말 안 했을 거야. 그냥 내버려둬."

하고 싶은 말이 켜켜이 쌓여 갔지만, 할 수 있는 말은 점차 줄어 갔다. 어디까지가 과잉 통제이고, 어디까지가 방임일까. 누군가 명확하게 선을 그어 주면 참 좋을 텐데. 현실 세계나 온라인 세계에서 양육자인 우리가 기댈 수 있는 유일한 진실은 아이와 관련하여 그 무엇도 예측할 수 없으며 완전히 통제할 수도 없다는 것뿐이다. 그럼에도 모든 양육자는 아이에게 최소한의 보호를 받는 안전한 공간을 제공할 의무가 있다. 아이로부터 얼마만큼의 공간을 두고 어디에 울타리를 칠지, 선만 그을지, 높이 판자를 세울지, 나무·돌·철조망 등 어떤 재료로 얼마나 견고하게 만들지, 얼마만큼의 주기로 개보수할지는 어느 한쪽이 일방으로 계획하고 결정하기보다 아이와 함께 이야기 나누면서 해답을 찾아갈 문제라고 생각한다. 그나마 엄마한테 다 꺼내지 못하는 속내를 터놓고 지내는 어른이 가까이 있음에 감사할 따름이다.

가해자와 피해자, 그 한끗 차이

아이는 혼자만 스마트폰이 없다는 이유로 같이 놀던 무리에서 왕따 비슷한 경험을 한 적이 있었다. 약속 시간과 장소가 온라인에서 갑자기 바뀐 사실을 모르고 나갔다가 낭패를 겪기도 했다. 학교에서도 단체 대화방 사용을 자제하라는 알림이 오기를 수차례. 또다시 친구관계에서 어려움을 겪지는 않을까 불안하게 지켜보던 어느 날, 정작 가슴이 철렁 내려앉은 건 아이가 피해자가 아닌 괴롭히는 편, 그러니까 가해자가 될 수도 있다는 사실을 깨달은 순간이었다. 잠든 아이의 스마트폰을 살펴보다가 같은 반 친구의 사진을 우스꽝스럽게 합성하고 있는 것을 우연히 발견한 것이다. 순간, 벼랑 끝에 선 듯 아찔했다. 뭐든지 앞서 걱정하고 고통과 불안을 가불하는 내 머릿속에는 이미 학교폭력위원회에서 머리를 조아리고 있는 나와 아이의 모습이 펼쳐지고 있었.

우리 집은 매년 초 가족회의를 거쳐 10대 규칙을 제정한다. 어른 아이 상관없이 누구든 반드시 지켜야 하는 약속으로 명문화해 식탁 옆 냉장고에 붙여 두는데, 어기면 버피테스트 10회, 투명의자 3분 등 다양한 벌칙을 수행해야 한다. 그중 수년째 바뀌지 않는 1번 규칙이 '서로 믿어 주기'다. (우습게도 2번 규칙은 '거짓말하지 않기'다. 거짓말이라는 걸 알게 되더라도 믿어 줘야 하는, 이런 게 바로 삶의 아이러니다.) 그러니까 나는 '믿음'이라는 약속을 어기고 아이의 스마트폰을 몰래 훔쳐보다가(정확히는 잠금화면이 설정되지 않은 탓에 켜져 있던 화면을 우연히 본 것이지만 변명의 여지는 없다) 엄청난 사실을 알게 된 참이었다. 도대체 이 문제를 어디서부터 어떻게 해결해야 할 것인가. 마음 같아서는 자는 아이를 흔들어 깨워 이 사진은 뭔지, 왜 그런 건지, 사진 속 친구는 이 사실을 알고 있는지, 얼마나 심각한 일이 될 수 있는지, 알고 한 건지 모르고 한 건지 낱낱이 따져 묻고 싶었다. 그렇다면 속은 시원해질 터였다. 하지만 이번 일로 서로를 향한 믿음에 금이 간다면 어쩌지? 우리가 함께 공들여 만들어 온 울타리는? 어쩌면 아이가 점점 더 알 수 없는, 보이지 않는 세계로 숨어 버릴지도 모른다는 생각이 가까스로 나를 멈춰 세웠다. 안온한 모습으로 잠들어 있는 아이의 얼굴이 새삼 낯설게 느껴졌다.

좋은 질문을 하는 어른

"너무 예민하게 반응하는 것 아니야? 아직 애들이고 그 정도 장난은 누구나 하잖아."

배우자에게 이야기를 하니 그는 그렇게 과잉 반응할 일인지부터 되물었다. 그에게 현 사태의 심각성을 이해시키고 공감대를 형성하는 데 에너지를 쓸 수밖에 없었다. 이튿날 내 하소연을 들은 친구 C는 자신이 분위기를 자연스럽게 조성해 보겠다고 나섰다. 그러니 아이에게 '왜 그랬냐' 묻고 몰아세우지 말고 조금만 더 지켜보자고, 네가 생각하는 그런 심각한 일은 일어나지 않을 거라고, 너무 불안해하지 말라고 나를 다독였다.

며칠이 지난 후, 아이는 C에게 받은 카톡을 나에게 보여 주며 물었다.

우리 여행 가서 같이 찍은 사진을
이모 친구들에게 보여 주고 싶은데 허락해 줄 수 있어?

"엄마, 이런 것도 허락을 받아야 해?"

아주 가벼운 이야기 하나가, 일상 속의 질문 하나가 해결의 실마리가 된다.

"만약, 네가 이상하게 나와서 엄청 보여 주기 싫은 사진이 있어. 그런데 다른 친구나 모르는 사람들이 그걸 같이 보면서 웃고 있다고 상상해 봐. 너는 기분이 어떨 것 같아?"

공감을 불러일으키는 가장 좋은 방법은 같은 자리, 같은 상황에 나를 놓아 두고 상상해 보는 일이다. 말 그대로 타인의 신발을 신어 보는 일 put on someone's shoes. 아이는 이런저런 이야기를 하다가 최근에 친구랑 찍은 사진을 장난 삼아 합성해 봤다는 말을 선뜻 털어놨다.

"엄마, '마기꾼'이라는 말 알아? 마스크 쓰면 잘생겼는데, 벗으면 못생겨지는 사람들을 그렇게 부르거든. 그래서 친구랑 내 얼굴에 마스크를 덧씌워 봤거든. 어떤지 보려고."

"들어 본 것 같아. 그런데 엄마는 그 말이 좀 듣기 불편하더라. 다른 사람의 외모를 멋대로 평가하는 거잖아."

무심코 한 놀이나 장난이 어떻게 괴롭힘이, 더 나아가 범죄가 될 수 있는지에 대해 자연스럽게 대화가 이어졌다. 누군가의 사진을 사용해 AI로 합성하거나 몰래 촬영한 사진을 유포하는 디지털 범죄가 늘어나고 있는 현실에 대해서도 설명해 주었다. 다행인지 불행인지(?) 주위에 비슷한 장난을 하는 친구들을 종종 봤다며, 위험한 행동이라고 이야기해 줘야겠다고 아이가 말했다. 주말에는 집 근처 도서관에서 미디어 리터러시에 대한 책을 빌려와 함께 읽었다.[16] 눈치 빠른 아이는 얼마 지나지 않아 가족들을 멀티 프로필에서 해방시켰다. 그리고 스마트폰에는 잠금 화면이 설정되었다.

---

16 아이와 함께 읽은 책 중 어렵지 않은 몇 권을 추천하고 싶다. 초등학교 3~6학년생을 대상으로 한 미디어 리터러시 추천 책으로 참고하면 좋겠다. 《피노키오에게도 미디어 리터러시가 필요해》(하리라 지음, 꿈꾸는 섬 펴냄), 《가짜뉴스》(엘리즈 그라벨 지음, 노지양 옮김, 아울북 펴냄), 《사진 속 그애》(전여울 지음, 살림어린이 펴냄), 《장난이 아니야》(선자은·이재문 외, 키다리 펴냄).

스마트폰, 무조건 해롭기만 할까

합성 이미지 소동이 마무리되고 얼마 지나지 않아 중고등학생들이 교사의 사진을 합성한 편집물을 텔레그램 등을 통해 불법 유포한 딥페이크 성범죄 사건이 한국사회를 뒤흔들었다. 꽤나 시의적절한 타이밍이었기에 학교 차원에서 제대로 된 미디어 리터러시 교육을 하지 않을까 내심 기대했다. 하지만 지역 경찰서 여성청소년과에서 보낸 한 장짜리 문서를 전달하는 온라인 가정통신문이(그나마도 용어 소개가 전부인) 다였다. 포괄적 성교육, 다양성 교육과 마찬가지로 일선 교실에서 직접 화두에 올리기 어려운 주제여서일까, 아니면 마땅한 답이 없는 문제여서일까. 미디어 리터러시 교육 역시 양육자의 몫이 되었다. 성교육처럼 일정 시기가 되면 알음알음 팀을 짜고, 전문 강사를 섭외해 외주를 맡기는 새로운 사교육 시장이 되는 건 아닌지 걱정이 앞선다.

스마트폰과 소셜미디어, 게임의 영향으로 10대 청소년들의 정신건강이 위협받고 있다는 시대적 현상을 담은 책《불안 세대》는 여러 매체에서 '2024년의 책'으로 선정되면서 청소년 부모와 교육자 사이에 필독서로 자리 잡았다. 저자 조녀선 하이트는 관계지향적 성격의 여자아이에게는 소셜미디어가 해롭고, 즉각적인 쾌락추구에 취약한 남자아이는 게임이나 숏폼 콘텐츠에 중독되기 쉽다고 말하면서 고등학교에 가기 전까지는 스마트폰 사용을 전면 금지하고, 특히 소셜미디어는 16세 이전에는 사용하지 않는 것이 좋다고 주장한다.

세계적 화제작인 넷플릭스 드라마 〈소년의 시간 Adolescence〉은 어떤가. 드라마 속에서 그려지는 소셜미디어 문화와 사이버 불링 cyber bullying(온라인에서 이루어지는 집단 괴롭힘), 인셀 incel, involuntary celibate 문화(연애 또는 결혼을 못 하는 이유를 페미니즘에서 찾는 남성 문화), 부모와의 소통 부재 등은 놀랍도록 현실 고증적이다. 《불안 세대》 속 주장처럼 단순히 남자아이는 게임, 여자아이는 소셜미디어가 해롭다는 이분법적인 논리가 구시대적으로 느껴질 정도다.

이처럼 스마트폰 사용이 적합한 나이는 언제인지, 어디까지 허용할지에 대한 문제는 여전히 전 세계적으로 뜨거운 논제다. 학교에서의 휴대폰 사용을 금지하거나 제한하는 정책을 만든 나라도 많고, 호주에서는 16세 이전에는 소셜미디어 계정 생성과 이용을 제한하는 법안이 통과됐으며(2024년 11월) 우리나라 또한 수업 시간 중 스마트기기 사용 및 소지 금지를 뼈대로 하는 초중등교육법 개정안이 국회를 통과했다.

상황이 이렇다 보니 양육자들이 모인 자리에서는 스마트폰 사용 시간과 이용 제한을 놓고 아이와 실랑이를 하느니, 차라리 사 달라고 떼쓰는 소리를 듣는 편이 낫겠다는 우스갯소리도 자주 오간다. 겁이 나고 두려울 때면 문제의 원인을 찾아 제거하는 것이 가장 쉬운 방법이니 스마트폰 사용을 제한하거나 빼앗는 것이 직접적이고 가장 빠른 해결책일지도 모른다. 그런데 과연 스마트폰을 금지시키고 소셜미디어와 게임 시간을 제한한다고 우리 아이들의 신체적 정신적 건강이 개선될까? 애초에 과도한 스마트폰 사용이 겁나는 건 왜일까? 공부할 시간을 빼앗기니까, 과도한 도파민이 집중력을 흐려서 학업 성적이 떨어질까 봐 걱정돼서는 아닐까. 겉으로는 말하지 않아도 내심으로는 그렇게 생각하고 있지 않은가. 소셜미디어의 세계에서 우리 집 아이가 잠재적 피해자가 될 것만을 염려하면서 본질을 놓치는 것처럼 말이다. 무작정 금지하고 차단해서는 좋고 나쁨도, 옳고 그름도, 아무것도 배울 수 없다. 미숙하고 어리다는 이유로 무균실에 넣어 두고 무거운 빗장을 걸어 잠그는 것도, 그렇다고 선을 긋지 않은 채 모든 욕구와 충동을 인정하고 용인하는 것도 아이들을 불행하게 만든다.

스마트폰을 사용하기 시작하면서 아이와 나 사이의 믿음에는 얼마만큼의 균열이 생겼을까? 잠금화면의 비밀번호를 수시로 바꾸는 아이를 볼 때면 머쓱하기도, 서운하기도 하다. 믿음은 내가 너에 대해 모르는 부분이 있고, 우리는 서로 다를 수 있다는 사실을 인정하는 것으로부터 시작한다. 온갖 사소한 참견과 간섭보다는 한발 물러서 지켜보다가 손을 내밀 때 필요한 만큼의 도움을 기꺼이 줄 수 있는 부모가 되고 싶다. 균열은 언제든 생길 수 있고, 그 균열을 메우는 방법 역시 함께 찾을 수 있을 것이라는 데에 보다 의미를 두고 싶다. 그러니 그저 이 믿음을 이어 갈 수 있기를, 그래서 숱하게 일어나는 내 마음속의 동요와 불안을 잠재우고 시간의 흐름에 따라 생기는 울타리의 무수한 균열을 놓치지 않고 제때제때 잘 살펴볼 수 있기를 기도하는 것 외에는 별 도리가 없다.

힘으로 다 되는 건 아니라고 아들에게 어떻게 알려 줄까

나비

어느 날 초등학교에 갓 들어간 아들이 자신을 힘으로 이겨 보려고 했다. 고학년만 돼도 아들이 엄마를 힘으로 이긴다는 말을 종종 들었는데, 이대로 얕보일까 봐 마음이 불편해졌다.

엄마도 해 보라는 말에, 이단뛰기를 시작했다.

개수를 세는 아이의 표정이 점점 흐려졌다.

"…… 사십칠, 사십팔, 사십구, 오십."

체력이 좋아진 덕분에 더 이상 아이가

나를 만만하게 보지 못한다는 것이 즐거웠다.

우리는 언제나 우리를 사로잡을 어떤 사람,
그리고 어떤 책을 기다린다.
우리는 모두 HB PRESS처럼
되기를 소망해야 한다.

어떤책
에이치비 프레스
도서목록
2025

말 더더더듬는 사람
겉모습으로는 알 수 없는 그 사람의 고유한 이야기가 있다
정두현 에세이

'휴먼스오브서울'의 편집장 정두현. "편견 없이 남의 말을 잘 들어 줄 수 있는 사람을 찾습니다"라는 모집공고를 보고 길거리 인터뷰어가 된 그는 말더듬증을 앓고 있다. 거리의 낯선 사람에게 "시간 좀 내주실 수 있을까요?"라는 질문으로 인터뷰를 시작하는 그는 서로를 궁금해하면 서로에게 더 친절해질 수 있다고 말한다.

2025년 출간 | 이승희, 최혜진, 정성균 추천 | 16,800원

영문법에 관한 진실한 이야기
현대 영어학의 거장 제프리 풀럼이 쓴 영문법
제프리 풀럼 지음

현대 영문법의 완결판이라고 평가받는 《케임브리지 영문법》의 공동 저자이자 에든버러대 언어학과 명예교수인 제프리 풀럼이 입문자용 영문법을 집필했다. 이 책에서 그는 전통 영문법의 논리적 모순을 바로 잡고 영어 원어민이 실제 사용하는 언어를 바탕으로 영문법을 설명한다.

2025년 출간 | 경규림 옮김 | 스티븐 핑커, 안현모 추천 | 19,800원

파노라마
릴리아 아센 장편소설

〈르몽드〉〈르파리지앵〉 출신 저널리스트 릴리아 아센의 소설. 2023년 르노도상 최종 후보였으며, 청소년 선정 작품상을 수상했다. 2049년, 모든 건축물의 외벽을 유리로 대체한 뒤 범죄율이 급감한 프랑스에서 일가족이 흔적도 없이 사라지는 사건이 발생한다. 자발적 증발인가, 납치인가, 살인인가. 그렇다면 범인은 누구인가.

2024년 출간 | 곽미성 옮김 | 이다혜 추천 | 16,800원

한 페이지를 만드는 사람
좋은 생각이 더 오래 머물도록
제이노트 비주얼 에세이

짧을수록 각광받는 시대다. 이제 길게 읽고, 중요한 것 하나만 남겨 보는 건 어떨까? 당신의 "한 페이지가 될 수 있게." 디자이너인 저자는 인스타그램에서 인문교양 필독서의 핵심을 꿰뚫는 비주얼 노트로 4만 팔로워와 소통한다. 읽고 쓰고 그리는 콘텐츠 크리에이터의 일과 삶에 관한 힌트 52.

2025년 출간 | 22,000원

사라진 근대 건축
어두운 역사를 위한 유용한 지도
박고은 아카이빙 에세이

지금도 사라져 가는 도시의 이야기. 서울을 구성하는 건축은 크게 두 부류다. 끊임없이 부수고 새로 짓는 콘크리트 건축물, 그리고 귀하게 보존되고 복원하는 전통 건축(주로 조선시대). 이 책은 그 공백의 시공간을 그 어떤 역사보다 생생히 기록한 건축물들의 이야기다. 경복궁을 짓누른 조선총독부 청사부터 중앙정보부 죽음의 방까지.

2025년 출간 | 출판콘텐츠 제작 지원 사업 선정작 | 개정판 | 20,000원

메리 커샛, 현대 여성을 그린 화가
그리젤다 폴록 지음

20세기 미술사에서 사라진 화가 메리 커샛은 누구이며, 무엇인가? 메리 커샛은 파리 인상주의 그룹의 일원으로서 동시대인들의 깊은 존경과 사랑을 받은 화가다. 커샛의 모더니즘은 현대 예술과 현대 여성의 창조적 교차점을 이해하는 데 대단히 중요하다. 그의 100여 년 전 그림은 21세기 들어 재조명되며 미국과 유럽에서 새로운 관객의 눈과 마음을 사로잡기 시작했다.

2025년 출간 | 린다 노클린, 이은주, 이소영, 강은주 추천 | 27,000원

호아킨 소로야 인생의 그림
블랑카 폰스-소로야 지음

오랜 기다림 끝에 탄생한 공식 걸작선. 예술과 가족에 헌신한 화가 소로야의 일생이 그림같이 펼쳐지는 아트북. 주요 작품 100여 점을 최고의 권위자이자 작가의 증손녀인 저자가 엄선해 수록했다.

2024년 출간 | 50,000원

호아킨 소로야 – 바다, 바닷가에서
호아킨 소로야 아트북

바다의 화가, 빛의 대가, 그러나 잊혀진 호아킨 소로야(Joaquín Sorolla, 1863-1923)가 그린 바다의 삶과 풍경. "햇빛 찬란한 기쁨"(더 타임스), "20세기 초 스페인의 가장 중요한 화가. 오늘날 놀랍게도 알려지지 않은 그의 작품들"(뮌헨 미술관), "빛의 대가"(클로드 모네).

2020년 출간 | 24,000원

호아킨 소로야 풍경과 정원
소로야의 그림 정원 아트북

정원은 바다 풍경과 함께 소로야의 작품 세계 중 가장 대중적인 사랑을 받은 테마이다. 그가 평생을 여행하며 만난 정원들과 인생의 마지막 작품으로서 직접 가꾸고 그림으로 남긴 집 정원까지 아우른다.

2025년 신간 | 26,000원

"유튜브 보는 시간 지났잖아. 이제 TV 꺼."

아이는 시계를 보더니 입을 삐죽였다. 밤 9시 15분이었다. 우리 집은 9시가 넘으면 TV와 태블릿을 모두 끄기로 약속이 되어 있다. 아이가 미적거리고만 있길래, 리모컨을 빼앗아 전원 버튼을 눌렀다. 툴툴거리던 아이가 갑자기 내 옆으로 바짝 다가와 몸으로 나를 세게 밀기 시작했다. 나는 순간 당황했다. 얘가 지금 뭐하는 거지? 여기서 밀리면 엄마를 하찮게 볼 것 같다는 불길한 예감이 들어 나도 온 힘을 다해 아이를 밀었다.

그날은 다행히 아이에게 힘으로 지지 않았다. 하지만 마음 한구석에 불안감이 똬리를 틀었다. 당시 아이는 고작 초등학교 1학년이었다. 더 큰 아들을 둔 언니들의 이야기가 머리를 스쳤다. "초등학교 고학년 되면 엄마 말은 들은 척도 안 한다? 야단을 쳐도 눈 하나 깜짝 안 해."

4학년만 넘어도 엄마는 이미 자신보다 힘이 약하다는 것을 안다고 했다. 반면에 아빠는 고등학교 정도 가야 힘으로 이길 수 있기 때문에 아들이 쉽게 얕보지 않는다고 했다. 우리 집 아이도 금방 우리 집 힘의 서열을 정해 버릴 것만 같아 마음이 불편해졌다.

힘을 키워 보았다

평생 운동과는 담을 쌓고 살았다. 참으로 높아 보였던 그 담을 이제 무너뜨려야 할 때라고 생각했다. 지금까지 나에게 운동이란 오직 성적이나 다이어트를 위한 것이었다. 학교 체육시간은 늘 힘들고 어려웠다. 수행평가를 위해 어쩔 수 없이 연습했지만 재미가 붙지 않았다. 결혼식을 대비해 살을 빼려고 효과가 좋다는 버피테스트를 매일 서른 번씩 한 달 동안 했던 적은 있었다. 하지만 지금은 상황이 달랐다. 힘을 기르려면 근력을 키울 수 있는 운동을 찾아야 했다. 우선 회사 직원들이 많이 한다는 필라테스 수업에 등록해 보았다. 그러나 내가 고정적으로 시간을 낼 수 있는 새벽에는 그룹 수업 인원이 부족해 수업이 자꾸 취소됐다.

　무엇이든 꾸준히 해야 효과가 있을 텐데, 일주일에 두 번 운동하기도 어려워 마음이 점점 조급해졌다. 문득 지인이 재미있다고 했던 크로스핏이 떠올랐다. 찾아보니 마침 회사 근처에 크로스핏을 하는 센터가 있었다. 게다가 새벽에 정규 수업도 열리고 있었다. 당일 새벽에 자꾸 취소됐던 필라테스에 지칠 때로 지친 나머지, 새벽 수업이 있다는 사실만으로도 반가워 바로 체험 수업을 예약했다.

　체험 수업은 살짝 힘들었지만 망설임 없이 3개월을 등록했다. 그저 주중에 내내 운동할 수 있다는 사실이 기뻤다. 지금 생각해 보면 코치는 내가 다칠까 봐 가능한 한 약한 강도로 운동을 시켰던 것 같다. 알고 보니 나처럼 크로스핏이 어떤 운동인지 알아보지도 않고 시작하는 사람은 거의 없었다.

　크로스핏은 유산소와 근력 운동을 합친 운동이다. 여러 동작을 정해 놓고 일정 시간 또는 횟수만큼 반복하는 방식으로 운동한다. 역도, 철봉, 줄넘기, 맨몸운동 등 다양한 동작이 있고, 매일 운동 프로그램이 다르다. 정해진 동작을 5세트 반복하는 프로그램을 하나 예로 들어 보겠다. 하나의 세트는 벽에 공 던지기 15회, 턱걸이 10회, 버피테스트 15회로 구성된다. 이 구성으로 5세트를 끝내면, 공 던지기 75회, 턱걸이 50회, 버피테스트 75회를 하게 되는 셈이다. 두 번째 세트까지 마치면 목과 등을 타고 땀이 마구 흘러내린다. 이렇게 힘든데 어떻게 5세트까지 할 수 있을까 매번 의구심이 든다. 세 번째 세트를 할 때는 몸이 달아올라서 확 풀린다. 근육이 말랑말랑해져서 동작도 더 정확하게 잘된다. 절로 신이 나고 즐겁다. 네 번째 세트가 끝나 갈 즈음이면 무척 힘이 든다. 묶은 머리카락 끝에서 땀이 뚝뚝 떨어진다. 숨을 몰아쉬고 있으면 심장 뛰는 소리가 밖으로 들릴 만큼 쿵쾅거린다. 도저히 못 하겠다 싶을 때 다른 회원들과 코치의 응원 소리가 들린다. "파이팅!", "할 수 있다!" 그러면 다시 일어나서 동작을 계속할 수 있다.

　나의 첫 코치는 크로스핏 대회에서 여성 부문 아시아 2등을 한 분이었다. 코치가 철봉에 매달려서 붕붕 날고 100킬로그램이 넘는 바벨을 드는 모습을 볼 때마다 놀라움을 넘어 희열을 느꼈다. 여자도 운동을 집중적으로 하면 저렇게 고난도의 동작을 할 수 있구나 싶었다. 회원 중에도 자기 몸무게 정도의 바벨을 드는 여자들이 있다. 맨몸으로 철봉 턱걸이를 하고 물구나무를 서서 푸시업을 하는 사람도 있다. 이들을 보고 있으면, 나도 꾸준히 하면 저렇게 될 수 있으리라는 희망을 품게 된다.

그날의 프로그램이 끝나면 회원들 각자 기록을 적는다. 내가 얼마나 해낼 수 있는지가 숫자로 보이는 거다. 공부처럼 머리로 하는 일을 잘하고 싶은 마음은 늘 있었지만, 몸의 기능을 더 높여서 좋은 결과를 내고 싶다는 마음이 든 건 처음이었다. 다른 여자 회원들도 나처럼 동기부여가 되는지, 힘이 세어지고 싶다는 이야기를 자연스럽게 한다. 탄탄한 근육에 부러움의 눈길을 보내면서 말이다. 모두들 뼈밖에 없는 가느다란 팔다리보다 이두나 삼두가 선명하게 드러나는 팔과, 말처럼 탄탄한 허벅지를 갖고 싶어 한다.

몸의 변화는 자신감의 변화로

운동한 지 6개월이 넘자, 엉덩이에 근육이 붙으면서 정장 치마가 꽉 끼는 느낌이 들었다. 회사에 입고 갈 옷을 새로 살 수밖에 없었다. 이번에는 근육이 더 많이 생겨도 괜찮도록 탄력성 있는 소재로 만든 통이 넓은 치마를 골랐다. 등이나 가슴에도 근육이 있다는 사실을 처음 생생하게 느꼈고, 등에 근육이 있어야 안쪽으로 말린 어깨를 펼 수 있다는 사실도 처음 알았다. 1년이 지나니 기초대사량이 150킬로칼로리 증가했고, 골격근량도 4킬로그램 늘었다.

힘이 세어진다는 건 자신감과 밀접한 연관이 있는 것 같다. 살면서 더 강해지고 싶다는 열망을 가져 본 적이 없었는데, 크로스핏을 하면서 점점 더 무거운 운동기구를 들고 싶어졌다. 바벨봉 양쪽에 25파운드짜리 원판을 하나씩 끼우고 제대로 들면 너무 기쁘고 만족스럽다. 눈에 보이는 성취감이라고 해야 할까. 아마도 1년 뒤에는 더 무거운 것도 들 수 있지 않을까 기대된다. 처음 운동을 시작했을 때는 빈 바벨봉도 제대로 못 들었는데 말이다. 일상의 변화도 있었다. 회사 탕비실에 있는 정수기 물통을 쉽게 새것으로 바꾸고, 택배 상자를 번쩍 들어서 옮길 수 있게 됐다.

크로스핏을 한 지 이제 2년 반이 지났다. 그사이 30킬로그램 중반인 아이를 안아 올리는 것도 가능해졌다. 아이들이 안아 달라고 할 때 더는 몸을 사릴 필요가 없다. 이렇게 자신감을 얻고 나니 힘이라는 건 누굴 이기기 위해 얻는 게 아니라는 사실을 더욱 실감할 수 있었다. 힘이란 나를 위해 키우는 것임을.

몇 달 전에 또 TV 때문에 아이와 마찰이 있었다. 9시가 넘었으니 TV를 끄라는 말에 아이는 발을 쿵쿵 구르며 방으로 들어갔다.

"거실로 나와서 네가 TV 꺼."

아이는 입을 잔뜩 내밀고 고개를 절레절레 저었다.

"네가 걸어서 나올래, 아니면 내가 너를 들고 나올까?"

내 말이 끝나자 아이는 너무하다고 외치며 스스로 거실로 나왔다. 아이도 이제 내가 자신을 들고 나올 수 있다는 것을 아는 것이다. 애써 웃음을 참으며 아이에게 리모컨을 건넸다.

크로스핏에 쓰이는 여러 동작에 익숙해지면서 아이와 놀아주는 것도 더 즐거워졌다.

"엄마, 저 태권도에서 이단뛰기 엄청 잘했어요! 집 앞에 나가서 같이 해 봐요."

이단뛰기는 한 번 점프할 때 줄넘기 줄을 두 번 돌려 넘는 방식을 말한다. 아이는 이단뛰기를 꽤 잘했다. 걸리지 않고 연속으로 열 번을 성공했다. 이번에는 엄마가 해 보라는 말에, 줄넘기를 시작했다. 아이는 옆에서 숫자를 세다가 표정이 점점 흐려졌다.

"…… 사십칠, 사십팔, 사십구, 오십."

체력이 좋아진 덕분에 아이가 나를 만만하게 보지 못한다는 것이 무척 즐거웠다. 그러나 한편으로는 언제까지나 아이보다 강할 수는 없다는 것도 안다. 아이는 부쩍부쩍 자라 금세 나보다 힘이 세어질 것이다. 그렇다면 그때에 나는 다시 얕보이게 되는 걸까? 아이에게도 크로스핏의 교훈을 전해 주고 싶었다. 힘이란 남을 이기기 위해서가 아니라 나 자신을 위해 기르는 것임을.

힘으로 누군가를 누르는 것

매년 여름마다 우리 아파트 중앙광장에는 작은 물놀이 공간이 생긴다. 광장 바닥에 타일이 깔려 있는데 그중 움푹 들어간 부분에 물을 채워 웅덩이를 만든다. 아이들은 물웅덩이에 들어가 물장구를 치기도 하고 물총을 가져와 서로 쏘기도 하면서 논다. 아이도 중앙광장에서 몇 번 물놀이를 했다. 하루는 아이가 그곳에서 괴롭힘을 당했다고 말했다.

"자꾸 저를 괴롭히는 형이 있어서 너무 화가 났어요!"

초등학교 5학년으로 추정되는 그 남자아이는 아이의 물총을 빼앗고, 그 물총으로 아이의 얼굴에 물을 쏜다고 했다. 하지 말라고 몇 번이나 이야기했지만 계속 자신을 괴롭힌다고 했다.

"그 형을 또 만나면 꼭 복수할 거예요. 엄마도 도와주세요."

나는 으응, 하고 애매하게 대답을 흘렸다. 그날 밤 자려고 누웠는데 자꾸 '복수'라는 단어가 맴돌았다. 아이가 원하는 복수의 목적은 무엇일까. 첫 번째는 자신에 대한 괴롭힘을 그만두게 만드는 것, 두 번째는 자신이 괴로웠던 마음을 되갚아 주는 것, 이렇게 두 가지일 거라 짐작했다. 그런데 그 아이를 물총으로 쏘든, 내가 현장에서 그 아이에게 그만하라고 제재하든, 아무리 생각해도 그 아이가 괴롭힘을 쉽게 그만둘 것 같지 않았다. 괴롭힘이 멈추지 않는다면 우리 집 아이의 속상함만 더해질 것이다.

예전에 "차 빼"라며 말다툼을 하다 불법주차한 승용차를 밀어 버린 덤프트럭 영상을 본 적이 있다. 다행히 승용차에 운전자는 타고 있지 않았지만, 승용차 운전석 부분이 완전히 파손되었다고 영상 설명에 쓰여 있었다. 영상 밑에는 덤프트럭 주인을 응원하며 "속이 시원하다", "정당방위다"라고 하는 댓글이 여러 개 달려 있었다. 요즘 유행하는 표현으로 '참교육'이 되었다는 것이다. '참교육'은 무례하거나 잘못을 저질렀다고 생각되는 상대를 무력으로 제압하는 경우에 주로 쓰인다.

아이도 가끔 '참교육'이라는 단어를 사용한다. 게임 중에 자신의 길을 일부러 막는 플레이어는 '참교육'이 필요하다는 식이다. 힘에는 힘으로 대응해야 한다는 논리에 익숙해진 것이다. 그런데 만약 내가 '참교육'을 하려는 사람보다 힘이 더 약하다면? 나에게는 어떤 경우에도 이 상황에서 벗어날 방법이 없게 된다. 언제나 내가 모든 사람보다 힘이 셀 수도 없다.

힘으로 다 해결할 수 없다는 사실

남편에게 아이가 물놀이에서 만났던 형에게 복수하고 싶어 한다고 전하자 그는 자신의 초등학교 때 경험을 이야기했다. 남편은 초등학교 6학년 때 같은 반 아이에게 괴롭힘을 당한 적이 있다고 했다. 교실에 앉아 있었는데 그 아이가 오더니 갑자기 주먹으로 때려서 입술에 피가 났다고 했다. 그 아이는 남편보다 몸집이 작아서 남편은 맞서 싸우면 이길 수 있지 않을까, 라는 고민을 계속 했단다. 하지만 한 번 싸운다고 이 괴롭힘이 끝날 것 같지 않았다. 그 아이를 가능한 피하면서 1년 동안 참았고, 다행히 그 아이와 다른 중학교로 배정이 되었다. 한편, 그 아이에게 맞섰던 다른 친구들은 그 아이의 친구였던 일진에게 보복을 당했다.

만약 남편이 자신을 괴롭혔던 아이를 때려 '참교육'을 했다면 어떻게 됐을까? 남편 또한 중학교에서 일진에게 또 다른 폭력을 당했을지 모른다. 유튜브 채널 〈최민준의 아들TV〉에서 본 '친구에게 맞고 온 아들에게 절대 하면 안 되는 말'이라는 영상이 떠올랐다. 최민준 강사는 강연에 온 양육자의 질문에, 아들이 맞고 왔다면 이 말부터 해야 한다고 말한다.

"폭력을 폭력으로 갚지 않은 네가 자랑스럽다."

너도 똑같이 때리라는 식으로는 해결이 될 수 없다는 말이다. 맞서 때리라는 말을 듣고도 그렇게 하지 못하는 아이는 맞고

만 온 자신을 용기 없는 사람으로 여기고 수치스러워할 수 있다. 같은 일이 또 일어났을 때 아이는 더는 양육자에게 고민을 털어놓지 못할 수도 있다.

최민준 강사는 아이가 평생 당하고 다니지만은 않을 거라고 덧붙였다. 어느 순간 자기만의 사회적 기술이 생길 거라고 했다. 그러니 우선 자기 기질을 사랑할 수 있도록, 그 기질 덕분에 잘될 거라는 이야기를 해 줘야 한다고 했다. 네가 누군가를 때리지 못하는 심성은 약점이 아니라 너의 강점이 될 거라고. 자신이 갖고 있는 것을 사랑하는 마음을 키워 주어야 그것이 아이에게 자양분이 될 수 있다는 얘기였다.

철학자이자 정치 이론가인 주디스 버틀러는 저서 《비폭력의 힘》에서 "비폭력에 대해 생각할 때 단순히 폭력이 없는 상태 또는 폭력을 삼가는 행동이라고 생각하는 대신, 평등과 자유의 이상을 긍정하기 위한 지속적 참여라고, 나아가 공격성의 경로를 바꾸는 방식이라고 생각할 수 있다"라고 말했다. 즉, 폭력에 대응하는 유일한 방법이 폭력이 아니라는 것이다. 흑인 인권 운동가 마틴 루서 킹 또한 "폭력 아니면 비폭력 둘 중에 하나를 택하기는 이제 불가능하다. 비폭력 아니면 소멸, 둘 중에 하나를 택해야 한다"라며 비폭력의 중요성을 강조했다.

더 큰 폭력으로 넘어가지 않기 위해서라도 비폭력의 방법을 아이에게 알려 주어야 한다. 교사 등의 어른에게 도움을 요청할 수도 있을 것이고, 폭력 상황에서 우선 벗어나기 위해 장소를 이동할 수도 있을 것이다. 학교라면 CCTV가 설치된 곳을 미리 알아 두었다가 폭력을 피하기 어려울 때 그곳으로 이동해 증거를 확보하는 방법도 있을 것이다. 힘으로 해결하는 것만이 해답이 아니라는 것을 알려 준다면, 아이는 상황에 따라 여러 시도를 하면서 다양한 대처법을 배워 나갈 것이다.

나는 살아온 날들 중 지금이 가장 힘도 세고 체력도 좋다고 느낀다. 매일 운동해도 몸살이 나지 않는다. 아이들이 안아 달라고 할 때 마음껏 안아 줄 수 있고 몸으로 놀아 줄 수도 있다. 비슷한 강도로 육아와 가사를 병행해도, 예전보다 아이들에게 더 마음의 여유를 가지고 대할 수 있다. 원래 힘이 셌던 것이 아니라 조금씩 운동으로 키운 것이다 보니, 힘이 세거나 약하다는 것은 무척 상대적이라는 생각이 든다. 선천적인 요소를 무시할 수는 없지만 후천적인 단련도 몹시 중요하다는 것을 알았다. 그렇기에 더욱 아이들을 힘으로 이기려는 행동은 보이지 않으려고 노력한다. 나의 행동이 혹시 아이에게 '참교육'처럼 비치면 안 되니까.

강한 힘은 상대적으로 약한 사람에게 도움이 되는 방향으로 사용될 때 진정한 의미를 가진다. 상대적으로 힘이 약한 사람이라고 해서 존중받지 못해서는 안 된다. 우리 집 안에서부터 힘에 기반해 의사결정을 하지 않고, 함께 정한 규칙을 수정할 필요가 있는지도 아이의 의견을 충분히 들으며 맞춰 나가야겠다. 힘의 크기로 서열이 매겨지는 것이 아니라, 힘이 센 사람이 자신의 힘으로 타인을 도울 수 있어 기쁜 사회가 되면 좋겠다. 힘은 누군가의 불편 해소가 아닌, 모두의 즐거움을 위해서 쓰일 때 가장 빛난다.

긴 머리카락의 아들, 이대로 괜찮을까

임혜림

사춘기에 접어든 연년생 남매를 두었다.
아이들 개성을 존중하며 키우고 싶은데, 장발
아들의 남자중학교 입학을 앞두고 고민이
깊어졌다.

아들에 대해 이해해 보려고 참여한

성감수성 교육에서 남성 활동가가 말했다.

"저는 아이들에게 남자나 여자의 헤어스타일은

이래야 한다는 편견을 주지 않기 위해서

현재 머리를 기르는 중입니다."

공중목욕탕에 아들을 데리고 다니는 남편 말에 따르면, 탈의실에 입장하는 순간 아들을 본 남자들은 다들 깜짝 놀라며 몸을 가리기 바쁘다고 한다. 그만큼 아들은 긴 머리 스타일을 찰떡같이 소화해 낸다. 그리고 이런 오해의 상황은 대부분 멋쩍은 웃음으로 마무리되지만, 때로 불편함을 야기하기도 한다.

긴 머리카락 휘날리는 남자아이

"아니, 웬 여자애가 남자 화장실로 들어가더라고. 정신이 이상한 애 아닌가?"

백화점에서 화장실에 간 아들을 기다리고 있는데 내 앞을 지나가는 사람들이 말했다. 아들 얘기를 하고 있음이 분명했지만 처음 본 사람을 붙들고 그 아이는 정신이 이상한 애가 아니라 그저 머리카락이 긴 남자아이일 뿐이라고 해명할 순 없었다.

2년 전 지금 다니는 학교에 전학 온 첫날, 가족끼리 저녁식사를 하던 중에 아들은 학교에서 있었던 일을 자랑했다.

"교실로 들어갔는데 담임 선생님이 그러는 거야. '새로 온 친구가 남자인지 여자인지 맞춰 보세요!' 질문이 의심스럽다고 생각한 애들 몇몇은 나를 남자라고 했고, 몇몇은 여자라고 했어."

아들은 친구들을 속였다는 사실에 우쭐해졌는지 신이 나서 말했지만 나는 아이의 외모를 오락거리로 취급한 담임교사의 언행이 괘씸했다.

　아들이 처음부터 확고한 고집으로 머리카락을 기른 건 아니다. 초등학교 입학 전에는 아빠 따라 미용실에 가서 귀여운 바가지 머리 스타일로 잘랐다. 그 당시 아들은 남자는 당연히 아빠처럼 짧고 단정한 머리를 해야 한다고 생각했던 것 같다. 그런데 코로나가 본격적으로 시작된 2020년, 초등학교 등교는 지연됐고 아들은 집에서 고립된 시간을 보내면서 자연스레 미용실도 가지 못했다. 그때부터다. 아들이 머리를 자르지 않은 것은(그러니까 시작은 '기른 것'이 아니고 '자르지 않은 것'이다). 이후 코로나 상황이 진정되면서 학교도 다닐 수 있게 되고 외출도 가능해졌지만, 모두 마스크를 쓴 상태에서 가능한 범주였다. 아들은 마스크 쓰고 미용실 가서 머리 자르기를 불편해했다. 덕분에 머리카락은 점점 자랐고, 긴 머리를 휘날리며 동네를 활보하게 됐다.

　아들이 머리를 기른 지 4년쯤 됐을 때, 내 고민도 본격적으로 시작됐다. 아이는 슬슬 귀여운 티를 벗고 남성적인 면모를 보였다. 곧 남자중학교에 보내야 하는데 계속 머리카락을 기르겠다고 고집을 부리면 어쩌나 싶었다. '남자가 머리를 기르는 게 뭐 어때서?'라고 머리로는 생각했지만 혹여 그로 인해 아들이 학교에서 부당한 대우를 받거나 불편한 주목을 끌게 될까 걱정스러웠다. 내가 경험한 사회는 남과 다르면 불이익을 주는 곳이니까. 어떻게 하면 아들을 유연하게 설득할 수 있을지 관련 교육 프로그램을 찾아보기로 했다.

"저는 아이들에게 남자나 여자의 헤어스타일은 이래야 한다는 편견을 주지 않기 위해서 현재 머리를 기르는 중입니다."

아들에 대해 이해해 보려고 참여한 성감수성 교육에서 남성 활동가가 말했다. 그때부터 나의 성평등, 페미니즘 공부가 시작됐다. 가부장제 사회가 여성에게는 '기울어진 운동장'이라는 걸 늘 체감하며 살았지만, 성평등 강좌를 듣고 페미니즘 책을 읽으며 구체적인 깨달음을 얻었다. 평생 세상이 만들어 놓은 잣대에서 자유롭지 못했고, 심지어 스스로를 끼워 맞추려 하고 있었다는 것을! 고정된 인식을 바꾸기 위해서는 많은 시간이 필요하다. 우선은 내가 할 수 있는 것부터 찾아야 했다. 남자중학교에 가면 짧은 머리를 해야 하는지 알아보는 것부터.

아이가 다녀야 할 중학교 두발 규정을 확인했다.

> 제10조(용모 및 복장) 1) 학생은 자신의 개성을 실현할 수 있도록 두발, 복장, 장식, 화장 등 용모에 관하여 스스로 결정할 수 있다. 2) 학생은 용모에 있어서 청결을 유지하여 타인에게 불쾌감을 유발하지 않도록 한다.

그러니까 중학교 규정에 따르면 아들이 머리카락을 기르는 것은 아무런 문제가 되지 않는다.

아들이 심어 준 변화의 씨앗

아들이 머리카락을 기른 뒤로 머리 말리는 일을 돕고 있다. 머리 길이만큼 말리는 시간도 늘어난 탓에 여간 귀찮은 게 아니지만 들을 수 있는 이야기가 있다.

"엄마, 사람들이 나를 여자라고 오해하는 것까지는 괜찮은데, 나보고 남자애가 왜 머리를 기르냐고, 남자답게 자르라고 강요할 때는 솔직히 속상하고 싫어."

"짧게 자르고 싶다는 생각은 안 들어?"

"아니, 그렇진 않아. 친구들은 내 머리카락 길이에 대해서 별로 관심이 없어. 왜 자르지 않냐고 뭐라고 하는 사람은 대부분 어른들이야. 근데 말이야. 불과 100년 전만 해도 머리카락 자르는 걸 큰일날 일로 여기지 않았어? 왜 지금은 남자가 긴 머리를 하면 안 된다고 참견하고 강요하는 거야?"

편견 어린 조언이 더 싫다는 아들의 말에 나는 아무런 대꾸도 할 수 없었다. 그리고 얼마 전 뉴스에서 봤던 사건을 떠올렸다.

짧은 머리를 한 젊은 여성이 폭행당한 사건이 있었다. 편의점에서 일하던 20대 여성이 짧은 머리를 했다는 이유로 페미니

스트를 혐오한다는 어느 남성에게 무차별 폭행을 당했다. 그 여성은 평생 보청기를 껴야 할 정도의 피해를 입었다. 하지만 해당 사건의 피의자인 남성은 심신미약을 인정받고 5년형 판결을 감형받아 최종 3년형을 선고받았다. 올림픽 금메달리스트가 인터넷에서 온갖 악플에 시달렸던 이유도 그녀의 짧은 머리카락에 있었다.

페미니스트가 무엇을 의미하는지 정확히 알지 못하는 다수의 사람들이 짧은 머리를 한 여성에게 혐오의 날을 세운다. 그렇게 '페미'는 증오의 대상이 되었다. 성별 갈라치기는 오래전부터 있었지만 서로에 대한 혐오감이 이렇게까지 커진 것은 최근 일이다. 사람들은 다름을 인정하기보다는 편을 갈라 아군과 적군을 만드는 데 집중한다. "남자는 이래야지, 여자는 이래야지"에서 "너 페미야?"로.

여자라서 듣게 되는 별의별 소리는 결국 내가 사회적으로 취약한 위치에 있다는 방증이다. 우리 사회는 아직 소수보다는 다수에게 관대하다. 취약점을 가지고 있는 소수(사회적 약자, 장애인, 성소수자 등등)에게는 아직도 편견이 가득하고, 부당한 일도 흔하게 벌어진다. 아들이 당한 강요와 참견에 걱정부터 앞서는 것은 내가 그런 사회에 익숙해져 있기 때문일 것이다.

성감수성 교육까지 받게 되며 내가 처음으로 제대로 알게 된 페미니즘이란 세상에 문제를 제기하고 변화를 외치는 것이었다. 그런 측면에서 보면, 아들은 몸소 변화를 외치고 있는 것이었다. 정신이 번쩍 들었다. 여전히 머리카락으로 성별을 가르는 세상에서 아들은 존재 자체로 고정관념을 깨뜨리고 있었다.

솔직히 초등학교에서도 아들이 친구들에게 놀림이나 따돌림을 당하지 않을지 우려가 컸다. 하지만 운동을 좋아하는 아들은 점심시간에는 남자아이들과 운동장에서 뛰어놀고, 쉬는 시간에는 여자아이들과 머리 땋는 놀이를 하며 지낸다고 했다. 남자와 여자로 구분된 놀이문화가 익숙한 교실에서 아들은 그 경계를 지우고 있었다. 고학년이 돼도 성별 구분 없이 어울릴 수 있음을 몸소 실천하고 있는 아들이 대견했다. 그리고 그 진가를 내가 너무 뒤늦게 알아주었다는 생각에 미안함이 밀려왔다.

예전에는 붉은색(분홍색)은 열정적인 남성을 상징하는 색이었고, 푸른색은 성경 속 인물 마리아를 상징하는 여성의 색이었다고 한다. 남자아이에게 푸른색 옷을 입히고, 여자아이에게 핑크색 옷을 입힌 지는 불과 몇십 년밖에 되지 않았다. 그런데 이 관념이란 게 (자본주의 사회에서 상품화와 결부된 원인도 있겠지만) 한번 뿌리내리면 벗어나기가 어렵나 보다. 어릴 적부터 색으로 성별을 분류하고, 그 외의 선택지는 없는 것처럼 교육하는 세상이 됐다.

'~해야 한다'에서 '그럴 수도 있다'의 세계로

언제부터 긴 머리가 여성성을 대표하게 되었을까? 아들의 표현대로 100년 전만 해도 긴 머리는 모든 인류의 것이었다. 결국 본질적인 문제는 성별에 있지 않다. 외모부터 행동방식까지 여성성과 남성성을 구분 짓고 강요하는 행위 자체에 있다. 외모와 성별로 사람을 규정하지 않는 세상, 소수를 배제하거나 비난하지 않는 세상을 우리는 언제쯤 마주할 수 있을까?

페미니즘을 공부하면서 '탈코르셋 운동'과 '쇼트커트 캠페인'을 뒤늦게 알게 되었다. 여성의 꾸밈 노동에 들어간 시간과 자원을 당연시하는 세태를 비판하는 활동이었다. 나 또한 보기 좋게 꾸미고 다니는 것을 '기본 예의'라고 생각하며 살았는데 이 또한 세상의 기준에 나를 끼워 맞추려는 행동이었음을 생각하면 분노가 치민다. 이제 나는 남에게 잘 보이기 위해 꾸미는 노동을 하지 않는다. 아들 덕분이다.

나에게 깨달음을 준 아들은 최근 헬스장에 다닌다. '테토남'이 돼야 한다며 근육질 몸을 만드는 데 혈안이 되어 있다. '테토남'이란 남성호르몬인 테스토스테론이 강한 남성을 의미하는 말로, 키가 크고 근육질 몸매를 가진 '상남자' 스타일을 뜻한다. '에겐남'은 그 반대어로 여성호르몬인 에스트로겐 영향을 많이 받는 남성을 지칭한다. 또한 여성들에게 '에겐남'은 섬세하고 곱상한 남자를 의미하는 한편, 남성들에게는 '하남자' 취급을 받는다고 한다. 긴 머리카락에 곱상한 외모를 지닌 아들이 '하남자'라는 소리는 듣고 싶지 않아서 남성적인 몸을 가지려고 노력하는 모습이 참으로 안쓰럽다. 본인은 그저 운동이 좋아서 하는 거라지만 남자든 여자든 다수가 열광하는 외적 기준에 부합하기 위해 무던히도 애써야 하는 세상이 되었음을 실감한다.

최근 남녀 간 의식의 불균형 때문에 생기는 폭력과 혐오를 보면 아이들 세대가 걱정스러울 수밖에 없다. 서로의 접점을 찾으려면 끊임없이 서로의 목소리를 들어야 한다. 다름을 보고 문제라고 지적하기 이전에 왜 다름이 문제인지에 대해 질문해야 한다. 지금 우리나라 현실에서는 남자든 여자든 외모로 품평된다는 것이 남녀 공동의 문제점으로 보인다. 이런 현실 앞에서 아이들은 서로의 다름뿐만 아니라 서로의 공통점을 발견하며 함께 개선의 지점들을 찾아갈 수도 있지 않을까.

왜 어떤 것은 당연하고 어떤 것은 안 되는지 아이들과 함께 질문을 던지는 양육자가 되고 싶다. 이런 생각에 도달하기까지, 방관자였던 나에게 아들은 변화의 씨앗을 심어 주었다. 긴 머리카락 휘날리는 아들도 괜찮냐고? 물론이다. 사회의 강요가 있을지라도 자신을 지지해 주는 이가 있다면 비록 상처받을지라도 세상을 보는 아이의 눈은 넓어지고 내면은 단단해질 것이다.

어떻게 거절을 잘 받아들이는 사람으로 키울까

아이린

말레이시아에 정착한 사업가이자 엄마. 아이가 국제학교에서 폭력성 문제로 경고를 받은 뒤 이를 어떻게 받아들여야 하는지, 아이를 어떻게 훈육해야 하는지 스스로에게 질문하는 중이다.

팔짱을 끼거나 몸을 잡아끌거나

간지럽히는 행동은

한국에서는 친근함의 표현이 될 수 있지만,

말레이시아에서는 타인의 신체에 대한

강제적인 접근으로 간주되기도 한다.

2019년, 우리 가족은 이민 가방 한 개와 캐리어 세 개만 들고 한국을 떠났다. 말레이시아에 정착하게 된 가장 큰 이유는 이곳이 다양한 인종과 종교, 문화가 공존하는 다문화 사회이기 때문이다. 말레이시아에서 우리는 다름을 인정받는 경험을 했다. 머리카락이 긴 아들에게 '남자답지 못하다'는 말을 건네는 사람도 없었고, 나도 누군가의 엄마나 아내가 아닌 내 이름으로 불릴 수 있었다. 다름과 개별성을 인정받는 경험은 곧 차별 없는 세계가 가능하다는 희망을 주었다. 이런 환경에서라면 내가 옳다고 생각하는 방향으로 아이를 키울 수 있겠다는 믿음이 생겼다.

거절을 받아들이지 않는 문화에서 자랐다는 깨달음

이곳에서의 생활이 처음부터 수월했던 것은 아니다. 아이가 국제학교에 다니기 시작하면서, 나는 한국사회에서 너무나 익숙했던 놀이방식이 다른 문화에서는 전혀 다른 의미로 해석될 수 있다는 사실을 처음 알게 되었다. 팔짱을 끼거나 몸을 잡아끌거나 간지럽히는 행동은 한국에서는 친근함의 표현이 될 수 있지만, 말레이시아에서는 타인의 신체에 대한 강제적인 접근으로 간주되기도 했다.

친구들이 그만하라고 해도 멈추지 않았다며, 학교에서 아이에게 행동조정을 내린 적이 있다.

"친구도 웃으면서 같이 논 거야. 내가 억지로 한 거 아니란 말이야."

"친구가 그만하라고 한 거 아니야?"

"그렇긴 한데, 같이 웃고 떠들면서 그랬어. 친구가 화내지 않았어."

"화내지 않는다고 거절이 아닌 건 아니야."

아이를 키우면서 "그만해"라는 말을 수없이 해 왔다. 그런 상황이 나 또한 버거웠지만, 육아서에서 읽은 대로 세 번의 경고 후에는 멈추게 할 수 있었다. 그러므로 학교에서 지속적으로 문제 제기를 하지 않았다면, 나의 이런 교육방식에 문제가 있다는 점을 인지하지 못했을 것이다. 다시 생각해 보면 거절을 세 번이나 해야 멈출 수 있게 만들어 버린 나쁜 교육이었다. 나의 태도가 아이로 하여금 거절 의사를 존중하지 않는 습성을 키웠다고 생각하니 안타까웠다.

어린 시절엔 나도 다를 바 없었다. 친구가 싫다는데도 계속 간지럽혔고, 그렇게 노는 일을 즐거워했다. 남편과 아이는 얼마 전까지도 서로 그만하라고 소리를 지르면서도 깔깔거리며 즐겁게 뒹구는 일상을 살았다. 멈추라고 해도 멈추지 않는 아이의 모습은 부모인 우리에게서도 쉽게 볼 수 있는 것이었다.

행동조정 기간이 시작된 날, 헛웃음이 났다. 한국에 살 때 내가 이상적인 남성상이라 여겼던 유형은 바로 '거절을 곧바로 받아들이는 사람'이었는데, 지금 말레이시아 국제학교에서는 대부분의 아이들이 거절을 자연스럽게 받아들이고 있고, 우리 집 아이만이 그렇지 않다는 평가를 받았다. '우월한 태도'라고 생각했던 나의 기준이 이곳에서는 '당연한 태도'였던 것이다.

폭력보다 나쁜 폭력의 정당화

"먼저 맞은 사실은 중요하지 않습니다. 폭력으로 응수하는 것도 폭력입니다."

행동조정 기간을 거쳐 학교에 정상 등교하게 된 아이가 이번에는 일시 등교 중지 조치를 받았다. 폭력에 폭력으로 대응했다는 이유였다. 물건 숨기기 놀이를 하던 중 학교 친구가 그만하고 싶다는 의사를 밝혔는데 아이가 이를 받아들이지 않고 계속했다고 한다. 이에 친구가 화를 내며 아이를 때렸다. 먼저 아이를 때린 건 그 친구였지만, 아이가 폭력으로 대응한 것 또한 큰 잘못이 돼 버렸다.

학교의 행동조정 조치는 더 이상 문제를 일으키지 않는다는 약속을 한 후 2주 동안 자신의 행동을 조정할 수 있는 기회를 주는 것이다. 이 기간 동안 문제가 발생하면 일시 등교 중지 조치에 들어간다. 더욱 조심했어야 할 행동조정 기간에 비슷한 문제가 또 일어나고 말았다.

학교에서는 어느 누구도 먼저 맞았다는 이유로 아이의 폭력을 정당화하거나 이해해 주지 않았다. 다행히 아이도 나도 억울해하기보다 잘못을 인정했다. 만약 이 지점에서 아이가 억울한 마음이 들었다면 어땠을까? 폭력보다 더 나쁜 것이 복수심, 그리고 추가 폭력에 대한 정당화라는 사실을 충분히 이해하는 우리라서 다행이었다.

폭력은 화가 나는 지점에서 시작되는 결과다. 누구나 화가 날 수 있지만 화가 난다고 해서 폭력을 행사하지는 않는다. 폭력에 대한 복수, 응수를 목적으로 한 폭력은 어떤 마음에서 시작될까? 이러한 폭력이 무서운 것은 바로 스스로 폭력을 정당화하기 때문이다. 아이는 자신을 때린 친구는 때려도 된다는 정당성에서 폭력을 선택했다. 아이를 먼저 때린 친구는 '잘못했다'는 생각만 하겠지만, 먼저 맞은 후 이에 대응해 폭력을 행사한 아이는 자칫 잘못하면 '억울하다'는 마음이 들 수 있다. 한국사회에서는 이런 상황의 폭력을 합리화해서 잘못의 크기를 줄이기도 한다.

"복수하는 마음이 언제나 든다면 교우관계에 나쁜 영향을 미칩니다."

학교 보안관 선생님의 이 말이 복수심 문제를 심각하게 받아들일 수 있게 해 줬다. 내가 아이에게 어떤 교육을 했는지 돌아보았다. 누구도 너를 함부로 대하지 못하게 하라고 말한 적은 있었다. 그래도 맞은 만큼 때리라는 말은 한 적이 없었다. 어떤 경우에도 폭력, 거짓말, 도둑질은 절대 용인되지 않는다고 가르쳐 왔다. 그럼에도 아이는 자연스럽게 '응징'을 하거나 '복수'를 해도 된다는 인식을 갖고 있었다. 맞고 다니지 말고 누가 때리면 너도 때리라고 말하는 어른들은 주위에 언제나 있었으니까.

폭력이 발생한 순간, 대부분의 어른들은 이유를 묻는다. 이유를 묻는 행위는 폭력 자체에 정당성 부여가 가능하다는 용인의 행위가 된다. 한국 드라마에 복수극이 많은 것도 이러한 정당성을 인정하는 사회문화를 보여 준다.

한국에 살 때는 아이가 그렇게 학습되고 있다는 사실을 알면서도 막을 생각을 하지 못했다. 훈육자로서 차별하지 않는 아이, 베풀 줄 아는 아이, 스스로 행복한 아이로 키우기에도 벅찼다. 개성을 존중하지 않는 사회에 맞서 아이가 스스로를 방어하고 존중하도록 학습시키기 바빴다. 예를 들면, 남자지만 장발인 아이가 평소 자주 듣는 편견 가득한 말들에 스스로를 가두지 않도록 안테나를 세우고 "아니야, 괜찮아"라며 아이를 격려했다. 명령어만 사용하는 어른들 앞에서 아이의 선택권을 지켜 주기 위해 최대한 표현을 다듬으며 아이에게 무엇을 원하는지 묻느라 에너지를 썼다. 그리하여 결국 우선순위에서 벗어난 폭력성이 아이에게 그대로 자리 잡은 것만 같다.

거절은 거절일 뿐, 화를 낼 문제가 아니다

사실 모든 문제는 친구의 거절이 아이에게 화를 불러일으켰다는 점에서 시작됐다. 한국사회에는 타인의 거절을 진지하게 받아들이지 않는 분위기가 있다. '친하면 괜찮다', '정말 싫으면 화내겠지'라는 생각은 결국 타인의 감정과 경계를 가볍게 여기는 태도로 이어진다. 이는 단순한 예의의 문제가 아니다. 타인과의 차이를 불편하게 느끼고 다름을 인정하지 못하는 문화적 구조에서 비롯되는 심각한 문제다.

다수가 괜찮다고 여기는 방식이 기준이 되고, 그 틀을 벗어나는 감정이나 표현은 '예민하다', '까다롭다'는 평가를 받기 쉽다. 이런 환경에서는 자연스럽게 다름이 무시되고, 거절은 존중받기 어렵다. 결국 아이의 문제행동도 이런 문화 속에서 학습된 결과의 측면이 크다. 그렇기에 우리 가족은 이곳 말레이시아에서도 무의식적으로 학습된 획일성과 싸우고 있으며, 이전의 문화적 굴레를 벗어나 자기 기준으로 세상을 해석하고 선택할 수 있도록 서로 돕고 있다.

다양성을 포용하고 차이를 이해하는 일은 거창한 교육이 아니라 매일의 대화 속에서 차곡차곡 쌓인다. 부모나 주위 사람들의 일상적인 말 한마디가 아이에게는 세상을 해석하는 기준이 되기도 한다.

어느 날 얼굴 전체에 니캅을 쓴 채 입 주위의 천을 살짝 들었다 내리면서 식사를 하는 무슬림 여성을 보며 아이가 불편하겠다고 말했을 때, 나는 이렇게 말했다.

"그래? 너는 불편하다는 생각이 들었구나. 하지만 저분은 불편하지 않을 거야."

낯선 것에 대한 자기 감정을 솔직하게 표현한 아이가 자신의 감정을 있는 그대로 바라보고, 그런 다음 상대의 문화를 존중하려는 태도를 함께 가지도록 이야기 나누는 경험은 일상에서 자주 일어난다. 책이나 영상 같은 콘텐츠도 다양성을 기르는 통로가 될 수 있다. 일부러 다양한 가족 구성과 인종, 성정체성을 다룬 그림책을 고르고, 그 상황을 특별한 게 아닌 '충분히 있을 수 있는 일'로 이야기 나누며 아이는 이야기 속 인물뿐 아니라 자신과 주변 사람을 이해하는 감각을 키운다.

지금 우리 집 아이는 이곳 말레이시아에서 '정상'이라는 기준 없이 자라고 있다. 자신과 다른 생김새, 다른 언어, 다른 습관을 가진 친구들과 어울리면서 타인을 판단하기보다 관찰하고 이해하는 감각을 기르고 있다. "틀렸다"고 말하지 않고, "그럴 수도 있지"라고 자연스럽게 받아들이는 사고방식을 체득하고 있다.

폭력 감수성을 넘어 다양성으로

아이의 폭력성 문제를 통해 단순히 '때리면 안 된다'는 규칙을 가르치는 것만으로는 충분치 않다는 사실을 깨달았다. 진정한 문제는 다양성에 대한 감수성 부족에 있었다.

아이가 친구의 "그만해"라는 말을 듣고도 멈추지 않았던 것은, 친구가 나와 생각이 다를 수 있음을 충분히 감각하지 못했기 때문이다. 이런 감각은 오늘날 세계시민으로 살아가기 위해 요구되는 핵심 역량이기도 하다.

상대방의 다름을 충분히 감각하다 보면 어느 새 공감의 영역으로 넘어가게 된다. 공감 역시 '공감능력'이라는 말과 더불어 사회생활에 필수적인 능력으로 요구되고 있다. 그런데 공감을 단순히 감정의 일치로 보는 경향이 큰 것 같다. 누군가의 속상함에 대해 반드시 똑같이 속상해하지 않아도 괜찮다. 대신 그 감정을 존중하고, 내 관점에서 그 상황을 함께 바라보며 현실적인 조언을 나눌 수 있다면, 그것 역시 성숙한 방식의 공감이 될 수 있다. 화가 난 상대에 맞춰 무작정 함께 분노하는 것이 아니라, 감정의 결을 이해하고 차분히 다독이며 해결책을 모색하는 것이 더 깊은 공감일 수 있다. 우리 집 아이가 친구에게 폭력으로 응수했던 것도 상대의 화난 감정을 이해하려 하기보다 똑같은 방식으로 반응했기 때문이었다.

나는 아이가 무조건 상대의 분노에 같이 분노하는 친구보다는 감정을 돌아보고 상황을 정리해 주는 사람, 나와 생각이 다르더라도 내 감정을 존중해 주는 사람으로 자라기를 바란다. 폭력이 아닌 대화로, 강요가 아닌 이해로 관계를 맺어 가는 사람 말이다. 그러니 지금 내가, 그리고 여러분이 해야 할 교육은 명확하다. 아이가 자신의 다름을 인정받으며 자라고, 다른 사람의 다름을 존중할 수 있도록 하는 것. 다시 말해, 다양성에 대한 감각을 키워 주는 것이다. 그 감각이야말로 아이가 더 넓은 세상에서 건강하고 단단하게 살아갈 수 있도록 이끄는 가장 중요한 힘이 될 것이라 믿는다.

4장

가장 가까운
사람과의
가장 어려운 대화

다 큰 아들과 성에 대해 솔직하게 대화할 수 있을까

장미영

사춘기 아들의 성교육을 고민하다가 성교육 강사가 됐다.

아들들이 내 앞에서

"섹스!"를 감탄사처럼 외치는 걸

기회 삼아 질문했다.

"섹스가 뭐야?"

"너는 몇 살이면 섹스할 수 있다고 생각하니?"

10년 전에 나는 사춘기를 앞둔 아들들이 "엄마랑은 말이 안 통해! 짜증나!"라고 말하며 문을 쾅 닫는 상상을 종종 했고, 그 상상만 하면 기분이 암담했다. 나보다 먼저 아들의 사춘기를 겪은 동네 친구들은 그렇게 다정했던 아들이 사춘기가 되자 말이 없어졌다고 토로하며, 방에서 뭘 하는지 답답해서 아들에게 잔소리를 하면 "엄마는 나가!"라고 소리치기 일쑤라고 했다. 엄마보다 덩치가 커진 사춘기 아들의 반항 가득한 눈빛을 보며 무서울 때도 있다는 말을 그냥 흘려들을 수가 없었다.

말하면 안 되는 성에서 말해도 되는 성으로

그즈음 지역 청소년 단체에서 부모 성교육을 한다는 소식을 들었다. 엄마가 사춘기 아들의 신체 변화를 먼저 배우면, 그리고 아들이 속한 남자 청소년들의 성문화에 대해 알 수 있으면 아들이 말이 안 통한다고 문을 쾅 닫고 들어가는 일은 없지 않을까 기대하며 부모 성교육에 참여했다.

교육에서는 아들보다 엄마인 나의 성을 점검하는 일이 먼저 필요하다고 했다. 솔직히 나는 이제껏 성에 대해 말하는 것은 물론이고 알아서도 안 된다는 가치관 아래 놓여 있었다. 아주 보수적인 환경에서 자라 온 것이다. 그런 내가 하루아침에 성에 대해 인지하고 이런 주제로 대화한다는 것은 불가능에 가까웠다.

그래서 스터디에 참여하기로 했다.

부모 성교육 수료자를 대상으로 성교육 강사 과정을 위한 스터디가 매주 진행됐다. 집에서 아이 뒷바라지만 하던 엄마의 역할에서 벗어나 학생이 된 것 같은 설렘도 있었고, 무엇보다 성에 대해 이야기할 수 있는 자리가 생겼다는 것이 좋았다. 처음에는 성에 대해 아이가 질문하면 어떻게 대답을 해 줄 수 있을지에 관한 부모 성교육 책을 읽었다. 책에 나온 사례처럼 우리 집 아이가 성에 대해 구체적으로 물으면 나는 어떻게 대답해 줄 것인가 묻고 답하는 과정에서 스터디 참가자들과 평소 성을 어떻게 생각하고 있는지 이야기를 나누게 됐다. 처음 야한 사진을 보게 된 순간, 어릴 적 이웃집 아저씨나 삼촌, 사촌오빠가 했던 행동이 성폭력이었다는 발견 등 성에 대해 솔직하게 말하는 시간들이 이어졌다. 이런 고백은 각자가 살아온 삶의 이야기를 포함하고 있었기에 보따리를 한번 풀어놓으면 시간이 부족했다. 그래서 정해 둔 시간이 다 지나고도 스터디원들과 같이 점심을 먹었고, 카페로 자리를 옮겨 삶의 이야기를 계속 나눴다. 몇 달 안 돼 스터디원들은 몇 년 동안 알고 지낸 이웃보다 친한 사이가 됐다. 공부하는 시간이 쌓여 우리는 자신과 같은 성적인 존재로 자녀들을 바라볼 수 있게 됐고, 아이들에게 어떤 성교육을 제공할지 깊은 고민을 나누게 됐다.

나와 다른 아들 성교육 어떻게?

한번은 부모 성교육 수업에서 배운 대로 사춘기 주제의 성교육 책을 사다가 아들들 책상 위에 두었다. 모르는 부분이 있으면 엄마에게 언제라도 물어보라고 일러두기도 했다. 아들들에게 발기, 몽정, 자위 등을 얼굴 안 붉히고 설명할 수 있을지 내심 걱정됐다. 그런데 아들들이 물어보기는 할까? 그러다 생각을 바꿔 나의 사춘기 경험을 들려주자고 마음먹었다. 아빠는 아들에게, 엄마는 딸에게, 이렇게 같은 성에게만 성교육을 해야 하는 건 아니니까. 서로의 다름을 존중하는 것이 성교육의 기초이므로, 나의 사춘기 경험이 아들들이 또래 여자 친구들을 이해하는 데 도움이 되겠다는 확신이 들었다. 먼저 사춘기 아들에게 같은 반 여자아이들 중 남자아이들보다 키가 큰 친구들이 많지 않냐고 질문하면서 또래보다 성숙했던 내 이야기를 시작했다.

가슴 몽우리가 생겨 아팠던 때, 남자아이들이 장난치며 뛰어가느라 내 가슴을 팔꿈치로 쳐도 아프다고 말하지 못했었다. 아들들에게 친구와 장난 칠 때도 옆에 있는 친구들을 살펴야 한다고 당부했다. 초등학교 5학년 때 하얀 치마를 입고 학교에 갔는데 갑자기 월경이 시작됐고 월경혈이 묻은 줄도 몰라 친구들의 놀림거리가 된 적이 있었다. 당시 담임 선생님의 못마땅한 시선이 여전히 나에게는 상처다. 그래서 아들들에게 혹시 학교에서 엄마와 같은 경험을 하는 여자 친구를 보면 절대 놀리지 말고 도움을 주라고 일러 주었다. 짝꿍을 좋아하면서도 직접 고백을 못한 채 다른 친구들에게만 속마음을 이야기했는데 반에 소문이 다 났던 일, 동네 중학생 오빠가 나를 좋아한다고 우리 집 앞에 계속 찾아와 밖에 나가는 게 무서웠던 기억, 부모님이 공부 열심히 한다고 착각하실 정도로 몰두하면서 읽은 연애소설, 연애편지를 쓴다고 처음 밤을 샌 날을 솔직하게 말했다. 그러자 아들들도 자신과 또래 친구들 이야기를 들려주고, 여자 친구들에 대해 궁금했던 것들을 묻기 시작했다. 이런 시간들이 흘러 나는 성교육 강사로 활동하게 되었다.

섹스는 관계란다

중학생이 된 두 아들이 어느 날부턴가 걸핏하면 내 앞에서 "섹스! 섹스!"라고 외쳤다. 섹스라는 단어를 감탄사처럼 외치는 모습을 보며 처음에는 놀랐지만 다른 집에서는 아이들이 엄마 앞에서 대놓고 이런 말을 하지는 못할 거라는 생각이 곧 들었다. 성과 관련한 단어를 거침없이 말하는 아들들 마음속에는 혹여 이런 이야기를 해도 엄마는 받아줄 사람이라는 인식이 자리하고 있는 게 아닐까. 그래서 아이들이 시도 때도 없이 "섹스! 섹스!" 외쳐도 그냥 두었다. 때로는 학교에 가서도 내 앞에서와 마찬가지로 행동할까 염려됐지만 아들들을 믿고 지켜보기로 했다.

아들들의 머릿속에서 섹스는 어떤 의미인 걸까? 사춘기 남자아이들 머릿속에는 도파민이 폭발하고 성욕이 가득해서 저런 말을 내뱉는 걸까? 아니면 엄마가 어떻게 반응하는지 보려고 한번 해 보는 걸까? 여러 가지 생각이 들었다.

현장에서 성교육 강사로 활동하는 터라 청소년의 성문화 실태를 어느 정도는 파악하고 있었다. 아이들에게 또래문화 안에서의 섹스는 실질적인 성교육이 부재하는 가운데 친구나 선배를 통해 전해 듣는 것이었다. 온라인에서는 주로 음란물이 아이들에게 노출되고, 아이들은 신음소리를 내거나 손가락으로 성행위를 흉내내기도 하며 보는 이가 불편해지는 말과 행동을 장난처럼 이어 간다. 뿐만 아니라 아이들이 보는 영상 중 '국산야동'이라고 분류되는 것들은 촬영 대상자의 동의를 받지 않고 제작되고 유포되는 불법 성착취물이다. 이런 현실에서 우리 집 아이들은 어떤 선택을 하고 있을까 궁금했다. 그래서 아이들이 내 앞에서 "섹스!"를 감탄사처럼 외치는 걸 기회 삼아 질문을 했다.

"섹스가 뭐야?"

"섹스는 혼자 하는 걸까?"

"섹스는 둘이 하는 건데 혼자 좋으면 될까?"

"둘이 다 좋으려면 어떻게 해야 할까?"

"너는 섹스할 네 몸에 대해 알고 있니?"

"네 몸에 대해서만 알면 될까? 상대방의 몸에 대해서는 얼마나 알고 있니?"

"서로가 섹스를 원하는지 어떻게 알 수 있을까?"

"둘만의 장소로 가는 것이 섹스에 동의한다는 뜻일까?"

"대답 못 하고 웃고 있는 모습이 동의일까?"

"어느 정도 사귀었을 때 섹스가 가능하다고 생각하니?"

"너는 몇 살이면 섹스할 수 있다고 생각하니?"

"섹스를 하려면 어떤 준비가 필요할까?"

"네가 성관계했다는 소문이 난다면 어떨 것 같니? 남자인 너랑 상대방이 같은 위치로 보일까?"

"피임은 어떻게 하는 걸까?"

"피임에 대해서 상대와 얘기 나눌 수 있을까?"

"성관계에 책임을 진다는 것은 무엇일까?"

"피임에 실패해서 상대방이 임신을 했다면?"

"응급피임약은 약국에서 구입할 수 있을까?"

아들들이 섹스에 대해 추상적으로 생각하며 쉽게 단어를 내뱉었다면 나는 섹스란 사람과 관계 맺는 법 중에 하나이고 너희들이 선택하는 실질적인 행동이라는 것을 알려 주고 싶었다. 어떤 준비가 필요하고 어떤 책임이 있는지를 가르쳐 주고 싶었다. 그래서 섹스는 한 번의 행위가 아닌 사람과의 관계라는 것을 충분히 이해하고 상대가 나처럼 몸과 감정을 지닌 사람이라는 것을 인식하도록 계속적으로 질문하고 대답을 청했다.

우리의 대화는 점점 넓어졌다. 아들들이 가장 가까이 접하는 존재는 엄마인 나고, 엄마는 여성이라는 점, 이 두 연결고리를 아들들이 놓지 않기를 바랐기 때문에 성적 대상화가 되는 여성의 이야기, 여성일 때 느끼는 불편함, 성차별적인 문화 안에서 엄마인 내가 느끼는 부당함을 끈기 있게 들려주었다. 그래서였을까. 고등학생일 때 첫째는 《82년생 김지영》을 읽고 나서 엄마도 이런 경험이 있냐고 내게 먼저 질문했다. 그때 나는 어린 시절 받은 차별부터 결혼 후 명절 스트레스까지 한참을 풀어냈는데, 그해 추석에 첫째가 둘째까지 설득해 둘이 전 부치기를 도맡아 했던 모습이 아직도 눈에 선하다.

이제 아들들은 성인이 됐다. 지금은 아들들이 잘 지내는 것 같아 큰 걱정이 없지만 첫째가 입대할 땐 마음이 편치 않았다. 계급과 서열로 움직이는 곳에서 잘 적응할 수 있을지, 군대 문화에 물들지는 않을지 걱정하며 신경을 곤두세웠다. 그런 나를 보며 첫째는 걱정하지 말라고 자신만만해했다. 하지만 입대하고 나서 첫 전화 통화를 했을 때 첫째는 말을 아끼며 이렇게 말했다.

"남자들만 있어서 편하고 좋은 점도 있지만, 엄마는 상상도 못 할 일이 벌어져."

첫째가 휴가를 나오면 군대에서 불편했던 일들이 무엇인지 물었다. 첫째는 엄마가 실망할까 봐 걱정이라며 주저하다가도 솔직하게 자신이 겪은 일들을 들려주었다. 군부대로 교육을 가기도 하는 성교육 강사 엄마에게 도움이 되기를 바란다며.

군생활 초반에 첫째는 쉽지 않은 시간을 보냈다. 선임들에게 살갑게 굴지 않는다는 이유로 괴롭힘을 당했고, 옆 대대 동료들이 성폭력 추정 사건으로 전출되었다는 소식에 혼란스러워했다. 하지만 그럴수록 더욱 동기와 후임을 잘 챙기고 싶다고도 했다. 그러고는 병장이 되기 얼마 전에 '으뜸병사'가 되었다는 소식을 전했다. 으뜸병사가 뭔지도 모르는 내게 첫째는 "대대의 반장 같은 역할"이라며 그동안 군대에서 불합리하다고 느꼈던 관행들을 하나씩 바꾸어 나가고 싶다는 의지를 보였다. 이제 병장으로 편하게 지내다 제대하면 되겠다고 마음을 놓았던 나는 그런 첫째가 걱정되면서도 자랑스러웠다.

그 무렵 나는 카카오톡 가족 대화방에 《너에게 말해 주고 싶어》라는 그림책을 공유했다. 초등학교 교사인 프랭크 머피가 남자아이들을 위해 쓴 책인데 읽으면서 줄곧 아들 생각이 났기 때문이다. 책에 들어 있는 이런 말들이 내 마음을 사로잡았다.

"어디를 가든, 네가 도착했을 때보다 더 좋은 곳으로 만들어 봐."

"네가 처음 만났을 때보다 더 기분 좋게 만들어 봐."

각자의 위치에서 할 수 있는 만큼

첫째는 부대에서 여자친구나 아이돌 걸그룹 멤버, 또는 여성 전체를 싸잡아 혐오하는 말이나 성희롱적인 말을 들을 때마다 가만히 넘기지 않았다고 한다. 그런 말들이 내뱉어지는 순간을 묵과하지 않고 누군가는 그 말에 동의하지 않거나 불쾌해한다는 사실을 표현한 것이다. 참모장이 성폭력 신고 건수를 줄이기 위한 회의를 소집했을 때도 성인지 감수성을 높이기 위해 선임들이 솔선수범해 성평등한 분위기를 만들어야 한다고 의견을 냈다고 한다. 엄마가 군대에서 성폭력 예방교육을 하는 강사라는 사실까지 밝혀 가며 교육의 중요성을 강조했다고. 성폭력 예방교육의 횟수도 중요하지만 대규모 집단 교육보다는 소규모로 이루어지는 집중 교육이 더 효과가 높다는 말까지 덧붙였다고 하니, 입가에 미소를 머금게 된다. 지금 당장은 첫째의 의견이 받아들여질 수 없다고 해도 첫째의 발언이 변화의 시작이 될 수 있다. 자신의 가치관에 따라 말하고 행동하는 첫째의 모습이 앞으로 어디를 가든 그곳을 "네가 도착했을 때보다 더 좋은 곳으로" 만드는 데 밑거름이 되리라 믿는다.

사춘기 이후 아들과 성에 대해 솔직한 대화가 가능하냐고 묻는다면 나는 내 경험을 바탕으로 "그렇다!"고 대답할 것이다. 그리고 다른 사람들에게도 자녀와의 성적 대화를 적극 권할 것이다.

엄마도 아이도 계속 성장하는 존재다. 서로 완벽하지 않음을 받아들이며 대화를 쌓아 가는 과정이 필요하다. 삶의 다양한 양태 속에서 엄마를, 아이를 성적 존재로서 인정하고 그로 인한 불편함은 없는지 살펴야 한다. 불편함이 있을 때 이를 솔직하게 이야기 나눌 수 있는 평등한 관계인지 돌아볼 필요도 있다.

김항심의 책 《이토록 다정한 공부》에 이런 말이 나온다.

> 성은 삶의 핵심 주제이기 때문에 이 주제에 대한 답을 내놓지 않아도 되는 사람은 없습니다.

성에 대해 어떤 생각을 가지고 있는지는 그 사람의 행복을 좌우하는 중요한 요소다. 그러니 '상대방도 나도 행복한 관계를 만들려면 어떻게 해야 할까'라는 질문은 가족에게 꼭 필요하다. 그 답을 찾는 과정에서도 성에 관한 대화는 필연적으로 중요하다. 아이와 나누는 솔직한 대화를, 꼭 시작해 보기를 권한다.

아빠의 새로운 가정을 어떻게 받아들일까

김은희

비혼엄마가 된 지 6년. 전 배우자가 새로운 가정을 꾸리는 과정에서 관계의 변화를 겪고 있다. 아이들과 아빠의 유대를 지켜 주고 싶어 고민하는 중이다.

앞으로 이복동생이 생길 수도 있고,

아이들이 커 가면서 관계가 또 변하겠지만

아빠를 좋아하는 아이들이

아빠의 새 가정을 미워할 일이

생기지 않았으면 좋겠다.

이혼 4년 차가 되던 해에 함께 살던 동생이 독립했다. 이모가 곧 결혼해서 따로 살게 된다는 걸 알려 주자 아이가 "엄마는 왜 결혼했는데 아빠하고 같이 안 살아?"라고 물었다. 그때 처음으로 아이에게 '이혼'이라는 단어를 꺼냈다. 언젠가 제대로 설명해야지 생각하면서도 적절한 타이밍을 잡지 못하고 있던 터였다.

"엄마와 아빠는 결혼을 했지만 이후에 이혼을 했어. 그래서 따로 사는 거야."

이혼할 때는 아이가 너무 어렸기 때문에 '아빠는 아빠 집에 산다' 정도로만 설명했다. 이혼 결정에 대해 후회하지 않지만 아이가 밖에서 스스럼없이 얘기할까 봐 지레 걱정했다. 할머니, 이모와 함께 살고, 육아의 많은 순간에 그녀들이 등장하지만 여자들의 양육 연대를 흔히 볼 수 있는 사회에서 우리의 모습은 전혀 튀지 않았다. 일상에 등장하지 않는 아빠를 궁금해하는 사람도 별로 없고, 주말 부부라고 멋대로 추측하는 사람도 있었다.

초등학교에 갓 입학한 아이는 생각보다 덤덤하게 받아들였다.

"그랬구나. 그동안 나는 엄마 아빠가 이혼한 줄도 몰랐네."

이후 아이는 수차례에 걸쳐 왜 이혼을 한 건지, 다시 같이 살 수는 없는지 물었다. 나는 지금 이렇게 사는 게 좋아서 다시 같이 살진 않을 것 같다고 대답했다.

아이가 엄마하고 같이 아빠 집에 가고 싶다고 하거나 아빠를 우리 집에 초대하고 싶다고 떼를 쓰면 난감하긴 하지만, 이혼이 아이들에게 미안한 일이라고 생각해 본 적은 없다. 부모가 계속 갈등하고 다투는 모습이나, 서로 맞춰 가기를 포기하고 체념하며 사는 모습을 보여 주는 것보다 이렇게 따로 살며 적당한 거리에서 교류하는 게 낫다고 생각한다.

결혼생활 동안 많은 에너지를 남편과의 관계에 쏟았다. 이혼하고 따로 사니 그 에너지로 할 수 있는 일이 많아졌다. 폴댄스를 배우고, 관심 주제의 모임에 참여하고, 시위에 나가고, 주변인을 챙겼다. 일을 많이 벌여서 피곤할지언정 감정적 부침은 거의 없다. 특히 한 달에 두 번, 아이들이 아빠를 만나러 가는 주말을 별다른 투쟁이나 협상 없이 보장받을 수 있다는 사실이 그 자체로 일상의 미션을 성실하게 수행하게 하는 원동력이 됐다. 주말에 참여하고 싶은 일정이 생기면 가장 먼저 전남편에게 연락해 아이들을 만날 것인지 물었다. 덕분에 북한산에 오르고, 남원의 혼불문학관을 찾아가고, 부산에서 요트를 타고, 경주에서 마라톤을 뛸 수 있었다. 결혼생활 중엔 상상도 못 했을 일이다.

각자의 속도와 방식으로 관계에 적응하기

이혼 초반엔 전남편이 혼자서 아이 보는 걸 어려워해서 면접교섭일에 아버님이 같이 나오는 날이 많았다. 그는 집이 아닌 공간에서 긴 시간 유아 둘을 온전히 돌본 경험이 거의 없었다. 어느 날은 나에게 아이들을 같이 보자고 제안하기도 했는데 "나는 주중에도 보는데 주말에도 같이 보면 도대체 언제 쉬라는 말이냐"고 딱 잘라 거절했다.

지금 아이들은 아빠와의 시간을 밀도 있게 보낸다. 초보 엄마 시절에 내가 그랬던 것처럼 전남편도 다른 사람들의 도움을 받아 육아 경험과 기술을 쌓아 갔다. 운동부 훈련에 데려가기도 하고, 고학년 자녀를 키워 시간적 여유가 있는 지인과 함께 어린이 카페나 물놀이장에도 갔다. 이제는 전남편 혼자서도 아이들을 거뜬히 돌볼 수 있다. 내가 원가족과 9박 10일 해외여행을 다녀오는 동안 아이들은 아빠와 함께 다양한 장소에 놀러 가고, 스포츠 경기를 보러 갔다. 얼마나 재밌게 지냈는지 다음엔 20박 21일을 하자는 아이의 제안에 전남편은 손사래를 쳤고 나는 웃음이 났다.

그럼에도 "우리만 이렇게(부모가 따로) 사는 것 같다"는 아이의 말을 한동안 곱씹었다. 이혼한 가정이 많다는 통계는 아직 피부에 와닿지 않을 나이였다. 나 또한 이혼 후 한동안은 가까운 지인들 외에는 굳이 이혼 사실을 알리고 싶지 않아 은근 신경을 썼다. 우리가 사는 방식을 있는 그대로 드러내고 이야기한 시간이 쌓인 지금은 더는 개의치 않는다. 원하는 방향으로 삶을 꾸려

가고 있고, 공동체 안에서 지지를 받으며 이렇게 사는 것도 괜찮다는 자신감이 생겼다. 도서관에서 엄마 생각이 나서 가져와 봤다며 《이혼해도 될까요?》라는 책을 슥 내밀거나, 아빠 집에 놀러 간 날에 대해 쓴 일기에 "나는 사실 아빠하고 따로 살지만 그건 엄마의 개인정보라 말해 줄 수 없다"는 귀여운 폭로(?)를 한 바닥 적으면서 아이도 나처럼 자신만의 속도로 부모의 이혼을 소화해 내는 중이다. 사는 방식이 여러 갈래라는 걸 아는 일은 사람을 해방시켜 준다. 나의 이혼이 아이의 고민거리가 되는 게 아니라 아이의 세상을 넓혀 주는 계기가 되길 바란다.

가족 관련 영화를 보면 가족 안에서 각자의 외로움, 특히 아이들의 불편함을 발견하지 못하는 장면을 마주하곤 한다. 어른들과 달리 아이들은 가족을 선택할 힘이 없다. 지금은 우리 집의 생활패턴을 아이들이 자연스럽게 받아들이고 있지만, 자신만의 고유성을 발휘하며 성장하다 보면 언젠가 답답함을 느낄 날이 올 것이다. 아이들이 같이 사는 가족의 굴레를 답답하다 느낄 때 믿고 의지할 수 있는 안전한 어른들이 있으면 좋겠다. 전남편도 그중에 한 명이 될 수 있을 거라고 생각한다. 한집에서 생활을 같이하는 가족에겐 털어놓기 힘든 이야기도 따로 사는 아빠에겐 할 수 있을지도 모른다. 그런 관계가 되기 위해 오늘도 나와 전남편은 아이들과의 시간과 대화에 공들이고 있다.

아빠에게 여자친구가 생기다

지난해 전남편에게 여자친구가 생겼다. 면접교섭일에 종종 여자친구와 함께 와서 공동육아를 하곤 했는데 아이를 통해 전남편이 내년에 결혼을 할 거란 소식을 전해 들었다. 이후 아이에게 새로운 종류의 질문이 생겼다. 그중 하나는 그 집 아이가 자신의 아빠를 삼촌과 아빠를 합친 말인 '삼빠'라고 부르는데 그럼 자신은 아빠의 여자친구를 이모와 엄마가 합쳐진 '이마'라고 불러야 하냐는 것이다. 고민하는 아이에게 이모라고 불러도 충분하다고 얘기해 주었다. 어느 날은 엄마도 아빠처럼 다른 사람과 결혼할 것인지 물었다. 아직은 결혼할 생각이 없다, 정도로 대답했다. 누군가와 함께 사는 것이 꼭 결혼을 통해서만 이루어지는 건 아니라는 이야기를 언젠가 아이와 나누고 싶다.

전남편에게 여자친구가 생긴 이후부터 이혼 후 한 달에 한 번씩 아이들 없이 만나 가지던 식사도, 이혼기념일도 챙기지 않게 되었다. 시간의 흐름에 따른 자연스러운 거리 조정이니 그리 아쉽지 않다. 하지만 전남편이 아이들을 만날 일정에 대해 먼저 말을 꺼내는 일이 줄어들자 슬슬 걱정이 됐다. 아빠와 만나는 주기가 2주에 한 번에서 한 달에 한 번으로 길어지자 아이의 마음도 흔들리는 듯했다. 오랜만에 아빠를 만난 날, 아이는 헤어짐을 힘들어하며 엉엉 울었다. 헤어질 때마다 아쉬워하긴 해도 다음에 보자고 아빠에게 밝게 인사하고 내 품으로 달려오던 아이였다. 나도 친구들처럼 아빠하고 같이 살고 싶다고 한참을 흐느끼는 아이의 등을 오래 다독였다. 그날 밤 잠자리에 나란히 누워 "요즘엔 엄마 아빠처럼 따로 사는 사람들도 많아" 하고 말을 건넸다. 아이는 "응 알아. 우리 반 누구도 아빠하고 따로 산다고 했어"라며 수긍해 주었다. 나만 그런 게 아니라는 사실이 아이들에게도 서로 위안이 되는 모양이다.

전남편이 아이들과 만나는 주기를 분기에 한 번으로 조정해야 할 것 같다고 말을 꺼냈을 때, 더 이상은 손 놓을 수 없었다. 아이들의 대변인으로서 아이들이 아빠를 만날 권리를 지켜줘야 했다. 이제 새로운 가족이 생기니 아이들과 멀어지고 싶은 건지 단도직입적으로 물었다. 그는 아니라고, 친구처럼 잘 지내고 싶은 마음은 여전하지만 새 가정을 안정시킬 수 있도록 도와 달라고 했다. 아이와의 관계를 모르고 만난 것도 아니면서 아이에게 어른의 사정을 이해시키려고 해선 안 된다고, 아이들은 금방 자라니 부모를 찾는 이 시기를 소중히 여겨야 한다고 말해 주었다. 아이들에게 직접 연락할 수단을 마련해 달라는 요구도 거절했다. 아이에 대한 이야기를 아이를 주로 양육하는 할머니나 아이를 가르치는 교육기관의 선생님들과 나누듯, 그와 나도 부모로서 소통하지 않을 수 없다. 아빠 집에 가서 하루 자던 날 아빠 옆에서 자고 싶었는데 그러지 못해 속상했다는 아이의 이야기를 내가 전해 주지 않으면, 그는 영영 아이의 마음을 모를 것이다.

우리 사이의 적정거리

한때 영화 〈보이후드〉를 소재 삼아 서로에게 새로운 가족이 생겨도 잘 지내 보자는 얘기를 전남편과 나눴었다. 우리 집 아이들은 이미 그의 새로운 배우자와 아이를 환대하고 있다. 가끔 만나는 아빠를 독점하지 못해서 불만이지 않을까, 라는 걱정이 무색하게 전남편의 새 배우자에게 스스럼없이 안기고, 그 집 아이와 잘 어울려 논다. 문제는 어른들이다. 새로운 가족이 생겨도 서로 잘 지낼 수 있을 거라는 낙관엔 나와 전남편뿐 아니라 새 배우자의 동의도 필요하다는 걸 처음엔 생각하지 못했다. 어떤 관계로 만나든 아이들을 환대하는 어른이 되고 싶었던 나조차도 아직 어색하고 부족하다. 우리 집 아이들을 배웅하기 바빠 차에 타 있는 그 집 아이에게 먼저 다가가 살갑게 인사를 건넨 적이 없고, 새로운 배우자분과도 데면데면하게 인사 한번 나눈 이후론 서로 굳이 알은체를 하지 않는다. 그렇지만 전남편이 앞으로 자기 집으로 아이들을 데려가거나 새 가족과 함께 아이들을 만날 거라면, 서로에 대해 조금은 알아야 하지 않을까? 더 나아가서 나와 전남편의 관계를 잘 설명해서 그의 새 배우자가 걱정하고 불편해하는 지점을 해소해 주고 싶은 마음도 불쑥 머리를 든다. 전부인의 오지랖으로 보일 수 있고, 낯을 가리는 내 성격에 과연 어색한 사람과 이야기를 잘 풀어 나갈 수 있을지 걱정도 되지만 막연한 불안과 오해로 그의 새로운 가족이 불화하지 않았으면 좋겠다. 앞으로 이복동생이 생길 수도 있고, 아이들이 커 가면서 관계가 또 변하겠지만 아빠를 좋아하는 아이들이 아빠의 새 가정을 미워할 일이 생기지 않았으면 좋겠다. 그런 마음으로 전남편에게 새 배우자분을 만나 보고 싶다는 의사를 전했다.

"우리는 늘 변하고 변화 속에 살고 있지만 그 가운데 꾸준했으면 하는 것이 있다."

언젠가의 이혼기념일에 그가 나에게 쓴 편지의 문구다. 적정거리가 어디로 수렴할지 지금으로선 알 수 없지만 아이들에게 부모로서 역할을 다하겠다는 원칙을 붙잡고 무엇을 해야 할까 고민하는 중이다.

처음 경험하는 관계에 어른들이 어설프게 머뭇거리는 와중에도 시간은 흐르고 아이들은 자란다. 각자 행복을 찾으며 살아가기에도 부족한 소중한 시간에 불필요한 걱정은 내려 둘 수 있길 바란다.

우리 집에서 운전하는 사람은 왜 아빠일까

서연

운전 경력이 꽤 되지만 남편과 함께 차를 탈 때면 보조석에 앉게 된다. 아이들이 운전은 남자가 하는 거라고 생각할까 봐 걱정된다.

길을 잘못 들어도

천지개벽할 일은 일어나지 않는다.

도로엔 언제나

유턴할 수 있는 자리가 마련돼 있기에.

아이를 차로 등교시키다가 질문을 받았다.

"엄마는 왜 아빠랑 있으면 운전 안 해? 엄마도 잘하는데."

자신과 함께일 땐 항상 운전석에 앉으면서 아빠와 함께일 땐 보조석으로 향하는 나에 대해 의문을 품었던 것이다. 단순한 질문이 아니라는 생각이 들었다.

아이가 던진 작은 공

대학을 졸업하자마자 취업하고 바로 운전을 시작했다. 내가 하는 일에 운전은 필수여서 동료들 모두가 베스트 드라이버였다. 지금 내가 40대가 됐으니 운전 경력은 20년이 다 되어 간다. 장롱면허도 아니고 20년 가까이 운전을 해 왔지만 남편과 함께일 때면 언제나 운전은 남편 몫이었다. 그래도 남편 없이 아이와 차에 탈 때는 운전석이 너무나 익숙한 내 자리였던지라 아이가 처음 나에게 질문을 던졌을 때 질문의 의도를 제대로 파악조차 못 했다. '도서관, 마트, 병원 등을 다닐 때면 언제나 내가 운전을 했는데 대체 무슨 소리지? 아직 1학년이라 전달력이 부족한가……' 그저 아이의 표현력을 탓했다. 하지만 곧 질문의 핵심이 '운전'이 아니라 '아빠랑 있으면'에 있다는 걸 알아챘다.

'나는 왜 남편과 있으면 운전하지 않지?'

스스로에게 질문했다. 임신하고 나서는 배 속의 아기와 나를 보호하기 위해서, 아이들이 태어나고 나서는 차 안에서 아이들을 돌보기 위해서 '남편이 있으면' 운전하지 않았다. 하지만 곰곰이 생각해 보니 그것들이 이유의 전부는 아니었다.

    어린 시절 엄마가 운전하는 가족을 거의 본 적이 없다. 경찰청 자료를 확인해 보니 1985년 운전면허 소지자 성별 현황에서 남성은 3,837,129명, 여성은 251,392명으로 전체 소지자 중 6퍼센트 남짓이 여성이었다. 2021년엔 남성이 19,334,997명, 여성이 14,394,809명으로 여성 운전면허 소지자 비율이 42퍼센트가 넘는다. 그러나 여전히 온 가족, 혹은 연인이 차를 타고 이동할 때면 운전석에 '아빠' 또는 '남자친구'가 앉아 있는 모습을 많이 본다. 나도 다르지 않았다. 연애 시절 데이트 약속이 잡히면 집에서 단장을 하고 남자친구를 기다렸다. 그러다 집 근처에 다 와 간다는 남자친구의 전화가 오면 쪼르르 집 앞으로 나갔다. 그러고는 내 앞에 딱 타기 좋게 주차하는 남자친구의 운전 실력에 뿌듯해하며 보조석에 올라탔다. 동화 속 왕자님의 백마 위에 올라탄 공주님이 된 것처럼 나는 행복해했다. 하지만 그렇게 올라탄 백마를 나는 이끌지 못한다는 사실을, 왕자의 궁궐로 함께 들어간다 한들 그것이 내 것이 될 수 없다는 사실을 깨닫지 못했다.

왜 나는 보조석에 만족했을까?

생각해 보면 내가 백마를 가지게 된다고 해결되는 문제는 아니었던 것 같다. 내 백마가 있어도 나는 '그'를 만나면 나의 백마를 양보했다. 나의 '그'가 '여자친구의 백마를 얻어 타는 남자'로 보일까 봐, 혹여나 '그'가 기 죽을까 봐, '그'가 돋보여야 내가 돋보인다고 여기며 내 차를 양보했다.

내가 운전대를 넘기는 이유는 또 있었다. 운전대를 잡기 전부터 여성이 남성보다 운동신경이 둔해서 순간대처 능력이 떨어진다는 둥, 공간지각 능력 또한 낮아서 주차를 못 한다는 등의 말을 들어 왔다. 그래서인지 나 또한 '그래, 여자들이 운전은 좀 못하지'라는 편견에 사로잡혀 있었다.

여성의 운전 실력에 대한 편견은 사회 전반에 깔려 있다. 성별과 운전 실력이 무관하다는 연구결과가 버젓이 있음에도 무개념 운전자를 지칭하는 '김 여사'라는 말이 통용되며 여성 운전자를 특징 짓는다. 운전이 서툰 차량을 보면 으레 여성 운전자겠거니 짐작하고 남성보다 여성 운전자의 미숙함을 더 크게 지적하고 조롱한다. 나 또한 운전하다 적반하장의 경우를 많이 당했다. 골목길, 주차장같이 서로가 조금씩 양보하면 지나갈 수 있는 곳에서 굳이 아이까지 타고 있는 차에 소리를 지르는 운전자들을 몇 번 만났다. 그럴 때면 나도 같이 소리를 질렀다.

"왜 소리 지르세요? 그쪽이나 운전 똑바로 하세요!"

아이에게도 엄마가 욕먹을 짓을 한 게 아니라는 걸 알려야 했으니까.

내 남편이라고 다르지 않았다. 피치 못할 사정으로 내가 운전하는 경우, 그는 보조석에 앉아 자상함과 걱정을 가장한 훈수를 두었다. "오른쪽으로 차선 바꿔야지. 지금 끼어들어야지. 저기 주차하면 되겠네" 등등. 지금은 남편의 간섭에 나도 가만 있지 않는다. "조용히 좀 있어. 운전에 방해돼! 그럼 네가 하든가!"

이럴 때 남편은 그냥 안 보는 게 낫겠다며 잠을 청한다. 나의 운전 실력에 불안과 불신을 가진 남편을 보면 나도 괜히 주눅이 들고 신경이 쓰인다. 그럼 그렇게 신경을 쓰는 내가 싫어서, 간섭받는 운전이 귀찮으니까, 다음 번엔 다시 또 그에게 그냥 운전을 넘겨 버리고 보조석으로 향한다. 그러니까 나는 사회적인 편견뿐 아니라 내 옆자리에 있는 남편의 시선까지도 완전히 무시하지 못한다. 다른 사람들의 시선 때문에 나도 나를 못 믿게 되는 이 상황이 무척이나 어처구니가 없다.

한번은 남편이 너무 잠이 와 졸음운전을 하는 상황에서도 나에게 운전대를 넘기지 않았다. 잠깐 갓길에 세워 자리만 바꿔 앉으면 되는 것을, 가는 내내 남편이 졸지 못하도록 감시하고 어깨와 손을 주물러야 했다. 남편은 내가 운전하면 늦게 도착한다는 이유로 운전을 계속했다(늦어 봤자 5분, 10분 차이일 텐데, "5분 먼저 가려다 50년 먼저 간다"는 말을 들어 본 적도 없는지).

운전에 관한 편견은 선진국에서도 크게 다르지 않나 보다. 독일의 한 자동차 광고에는 할머니가 할아버지를 태우고 운전하는 상황에서 주변 차들이 빵빵 경적을 울리는 장면이 들어 있다. 그 속에서도 할머니는 평온하게 운전하는데 오히려 보조석에 앉은 할아버지가 안절부절못한다. 그러다 할머니가 주차할 공간을 발견한다. 순간, 할머니가 젊은 남성 운전자로 바뀐다. 그 남자는 아주 능숙하게 주차를 하고 그 모습을 할아버지는 경이롭게 쳐다본다. 자동차의 자율주차 시스템에 관한 광고였는데, 운전을 못하는 사람도 이 자동차를 이용하면 완벽하게 주차할 수 있다는 메시지를 강조한 것이다. 이 광고 안에는 '나이가 많으면 운전을 못한다'와 '젊은 남성은 운전을 잘한다', 두 가지의 편견이 들어 있다. 할머니가 젊어지면 젊은 여자가 돼야 하는데 젊은 남자를 만들어 버렸다.

사우디아라비아는 2018년에야 여성의 운전면허증 취득을 법적으로 허용했다. 이 나라의 여자들은 남자가 없으면 차로 출근을 못 했는데 기가 막히게도 이전에는 운전면허증이 없는 여성이 자동차를 구매할 수는 있었단다. 여성에게 운전은 허용하지 않으면서 남성에게 자동차를 구매해 줄 수 있는 요건은 제공했던 것이다. 운전이 뭐가 그리 중요하냐고 말할 수도 있겠지만 선택지가 특정한 성에만 부여된다는 사실 자체가 차별적이다. 또한 누군가의 도움 없이 내가 원하는 곳으로 언제 어디로든 갈 수 있다는 점은 독립적이고 자유분방한 삶을 의미한다. 그러니 사우디아라비아의 여성 운전 금지가 여성의 독립성과 자유분방함을 막기 위함이 아닌지 의심하게 되는 것이다.

운전 문제는 단순히 나의 자유를 보장받지 못하는 것에만 국한되지 않는다. 딸아이가 여성보다 남성이, 엄마보다 아빠가 운전대를 더 많이 잡는 모습을 보며 운전은 남자가 하는 거라고 생각할까 봐 걱정된다. 어디 운전뿐일까. 충분히 잘할 수 있음에도 성별을 이유로 하지 않는 쪽을 선택하는 다른 영역이 또 있지 않을까. 그나마 감사한 건 내가 당연하다고 생각했던 행동에 아이가 먼저 기괴함을 느끼고 질문했다는 사실이다.

최근 프랑스의 비영리기관 '희생자와 시민들 Victims&Citoyens'은 '여성처럼 운전하라 Drive like a Woman'는 캠페인을 벌이고 있다. 그 기관은 공격적인 운전, 욕설, 속도위반을 하는 사람들 대부분이 남성이라고 공식적으로 말한다. 당연하게도 교통사고는 난폭 운전, 보복 운전, 음주 운전으로 일어나기 쉽다. 운전하다가 화가 난다고 차에서 내려 상대 차에 위협을 가하는 남성들의 모습이 뉴스에서 자주 보인다.

운전 성향은 쉽게 바뀌지 않는다. 하지만 운전이 미숙하다면 그건 얼마든지 나아질 수 있다. 처음은 누구에게나 어렵다. 어떤 일이든 꾸준히 경험을 쌓는다면 어느 정도의 실력을 갖출 수 있다. 연습할 기회조차 주지 않고 못한다고 비난하고 혐오하면서 운전대를 빼앗지는 말아야 한다. 난폭한 운전으로 생명의 위협을 가하는 사람들이야말로 운전대를 빼앗아야 한다.

깨어난 질주본능을 긍정하며

얼마 전 여행을 다녀왔다. 아무도 태우지 않고 혼자 운전대를 잡았다. 어떤 차선으로 갈지, 국도로 빠질지, 고속도로로 그냥 갈지 크게 고민하지 않고 볼빨간사춘기의 노래 〈여행〉을 들으며 운전하던 그 순간의 햇살과 온도, 바람결을 잊을 수가 없다. 누구에게도 간섭받지 않는 그 홀가분함이 너무나 짜릿했다.

길을 잘못 들어도 천지개벽할 일은 일어나지 않는다. 도로엔 언제나 유턴할 수 있는 자리가 마련돼 있기에. 누구의 도움 없이 나 혼자 내린 결정이 늘 좋은 결과를 가져다 주는 건 아니지만 정답은 없다. 인생은 누가 대신 살아 줄 수 없다는 점에서 혼자 가는 긴 여행과도 같다. 다른 사람의 여행길을 그저 따라가는 건 내 여행이 될 수 없다. 또 내게 지시하는 말을 무작정 따르다 보면 내 여행을 할 수 없다.

결혼 13년 차쯤 되니 내 안의 질주 본능이 깨어나는 것 같다. 아이의 질문도 한몫했다. 이젠 그림자처럼 뒤에서 따르기보다 앞장서서 나아가고 싶다. 주변의 말과 시선에 자꾸 브레이크를 밟기보다 내 삶의 운전대를 꽉 부여잡고 내가 원하는 속도와 방향으로 내달리고 싶다.

요즘엔 특별한 사유가 없어도 내 기분이 내킬 때면 운전석에 앉는다. "요즘 왜 자꾸 운전하고 싶어 해?" 묻는 남편에게 그저 미소로 답하며 그를 뒷좌석으로 밀어 넣는다. 남편은 아이들을 키운 지 10년이 지나서야 뒷좌석에서 아이들과 뒤섞여 앉는 불편함을 체험하고 있다. 어떨 땐 운전의 책임감에서 벗어나 창밖을 보거나 아이들과 이야기하면서 편안함을 누리기도 한다. 그렇게 그와 나의 역할이 언제든 바뀔 수 있고 바뀌어도 괜찮다는 것을 자동차 안에서 우리는 새롭게 알아 간다.

이 사회는 나에게 '내조의 여왕'이 되어 남편의 사회적 지위 향상에 공헌하며 일과 육아, 집안일까지 모두 척척 해내기를 바란다. 그러면서도 혼자서는 운전조차 잘 해낼 수 없을 거라 여기고 의존적인 위치에 남아 있을 것을 요구한다. 이제 나는 이러한 이중적인 잣대와 모순된 시선을 내 차로 밀어내려고 한다. 아이의 눈에 더 이상 기괴한 모습들이 비치지 않도록, 우리 집 아이도 삶의 운전대를 그 누구에게 양보하지 않고 꼭 붙들 수 있도록.

우리 집에서
밥하는 사람은
왜 엄마일까

성소영

아이에게 건강한 한 끼를 먹이는 일에 진심이지만, 집밥 차리느라 야근도, 긴 외출도 꺼리는 자신이 종종 못마땅하다. 아이가 '우리 집에서 밥하는 사람은 엄마'라고 생각하지 않기를 간절히 바란다.

남편과 이런 언쟁을 벌일 때마다

발밑이 갈라지는 느낌을 받는다.

똑같은 땅을 밟고 서 있는 줄 알았는데

어긋난 선을 사이에 두고 그는 저쪽,

나는 이쪽에 서 있는 현실을 실감한다.

2년 전 그날이 지금도 생생하게 떠오른다. 우리 집 부엌의 풍경을 바꾼 첫 번째 계기였기 때문이다. 아이가 다섯 살이던 해의 어느 토요일 아침이었다. 창가로 햇빛이 쏟아지는 와중, 우리 부부는 단잠에 빠져 있었다. 혼자 일찌감치 일어난 아이는 노래를 부르고 그림을 그리다가 나에게 다가와서 말했다.

"엄마, 나 심심해. 일어나."

실눈으로 확인한 시간은 오전 7시. 나는 조금 더 자고 싶어서 눈을 질끈 감았다. 아무리 깨워도 엄마가 요지부동이자 아이는 회심의 말을 던졌다.

"나 배고파. 너무 배고파서 배가 아픈 것 같아."

그 한마디에 눈이 번쩍 떠졌다.

"아이고, 배가 고프면 안 되지."

그렇게 말하고는 무겁게 몸을 일으키자 아이가 배시시 웃으며 덧붙였다.

"역시 엄마는 내가 배고프다고 하면 바로 일어나네!"

그 순간 평화롭게 자고 있는 남편이 눈에 들어왔다. 배고프다는 아이의 말에 반응하는 건 왜 항상 나일까? 찜찜한 마음을 안고 부엌으로 가서 수프를 끓였다. 냄비 바닥에 수프가 눌어붙지 않도록 휘젓는 동안 아이의 말이 머릿속에 빙빙 맴돌았다. 엄마는 배고프다고 하면 바로 일어나네, 엄마는 배고프다고 하면 바로……. 이대로 있어서는 안 될 것 같다는 직감이 들었다.

나는 왜 밥하는 사람이 되었을까

남편과 나는 맞벌이 부부였고 신혼 때부터 살림을 나누어서 했다. 남편은 가족의 일에 적극적인 사람이었다. 회식을 하고 늦게 온 날에도 빨래를 널고 쓰레기 분리배출을 한 뒤에야 잠자리에 들었고, 내가 안정적으로 일에 복귀할 수 있도록 육아휴직을 신청해서 아이의 주양육자가 되어 주기도 했다. 반대로 나는 출산한 지 4개월 만에 다시 일을 시작했을 만큼 일에 대한 욕망이 강한 엄마였다. 청소는 안 해도 책은 읽었고, 주말이면 집을 나가 혼자만의 시간을 갖는 날이 많았다.

그러니까 아이는 '가정에 충실한 아빠'와 '일 욕심 많은 엄마'를 보고 자란 터였다. 그래서 자연스레 아이도 우리를 여느 엄마나 아빠와는 다르게 의식했을 거라 생각했는데……. 분명 그렇다고 믿었는데 그날 아침을 기점으로 이 믿음에 금이 간 것이다. 겨우 다섯 살 된 아이의 눈에 엄마가 밥하는 사람으로 비쳤다는 사실이 충격이었다. 일과 육아의 양립을 위해 출산 직후부터 그토록 안간힘을 썼던 것이 무색하게 느껴지리만큼.

떠올려 보니 아이의 말은 진실이었다. 아내, 엄마로만 살고 싶지 않아서 끊임없이 남편과 언쟁하고 조율했던 내가 어쩐지

밥 차리는 일은 순순히 도맡고 있었던 것이다. 여기에는 몇 가지 이유가 있는데 우선 남편보다 내가 요리를 좀 더 잘했다. 형제만 있는 집의 맏아들보다 남동생을 둔 맏딸이 계란프라이를 해도 수백 번은 더 했을 테니 당연했다.

남 보기에 좋은 아내가 되고 싶은 마음이 있었던 것도 인정한다. 내가 결혼식을 올린 11년 전만 해도 남편에게 아침밥을 차려 주고 출근하는 아내가 존재한다는 전설 같은 이야기를 심심치 않게 접할 수 있었으니까. 게다가 예민한 피부와 위장을 타고나서 외식을 즐기지 않는 사람도 나였으니 자연스레 식사 준비는 내 몫이 되었다.

밥 차리기의 괴로움은 아이를 낳고 찾아왔다. 부부 둘뿐일 때는 재미있던 요리가 출산 이후부터 굉장한 노동으로 느껴졌다. 때로는 족쇄에 묶인 듯 답답했다. 일을 하다가도 아이의 밥 시간이 되면 급하게 집으로 돌아왔고, 배달음식으로 식사를 때울 아이가 걱정돼 친구들의 여행 제안에도 선뜻 따라나서지 못했다. 그제야 내가 얽매여 있던 것의 실체가 보이기 시작했다. 남편과 살림을 나누고 육아도 함께하는데 늘 나만 바쁘고 갑갑한 기분이 드는 것은 가족의 식사를 온전히 내가 책임지고 있기 때문이었다.

집밥 노동에는 다른 집안일과 다른 특징이 있다. 한 끼를 차리기 위해 여러 단계의 축적된 노동이 수반된다는 점이다. 메뉴를 정하고 장을 보고 식재료를 다듬고 음식을 만드는 일에는 짧게는 몇 시간, 길게는 며칠이 소요되기도 한다. 하루 세 번 돌아오는 끼니는 미룰 수도, 건너뛸 수도 없다. 빨래나 청소는 뒷전에 두어도 자식 밥 먹이는 일을 생략할 수는 없으니 말이다. 내 손으로 밥을 하지 않아도 노동은 이어진다. 뭘 먹을지 고민하고, 양질의 음식을 파는 가게를 찾고, 음식을 배달시키는 데도 꽤 많은 에너지가 필요하다.

한번 내 쪽으로 넘어온 집밥 노동을 남편과 나누기란 쉽지 않았다. 집밥 노동은 기술직인 탓이다. 요리는 하면 할수록 더 잘하게 된다. 함께 산 햇수가 더해질수록 나는 점점 요리의 숙련도를 높여 갔고, 남편은 아예 남의 일인 양 여겼다. 가끔 식사 준비를 요청하면 그는 "안 해 봐서 맛이 없을 텐데? 그냥 사 먹자"로 일관했다. 나는 싸울 시간에 빨리 밥을 하는 게 더 합리적인 선택이라고 판단했다.

게다가 집밥 노동에는 기묘한 구석이 있어서 고단함과 보람이 공존한다. 밥이 생명을 살리는 에너지여서일까? 해 먹이는 보람이 자꾸만 나를 부엌으로 잡아끌었다. 아이가 태어난 뒤로는 그 기쁨이 더해서 프로그래밍된 로봇처럼 밥때가 되면 자동으로 움직였다. 하지만 이 불균형을 직시한 이상, 변화가 필요했다.

나의 집밥 노동 탈출기

내친김에 집밥 파업을 선언했다. 남편을 가르치는 것보다 둘 다 밥을 하지 않는 게 더 쉽다고 판단한 것이다. 그날부터 바깥 음식으로 끼니를 챙겼다. 반찬가게, 집 근처 식당, 배달 앱을 전전하며 음식을 조달했는데 겨우 두어 달 만에 문제가 생겼다. 우선 생활비가 턱없이 모자랐다. 출산 후 소득이 줄어서 의기소침했는데, 나의 집밥 노동이 가정경제에 얼마나 큰 기여를 하고 있었는지 실감할 수 있었다. 신체에도 변화가 생겼다. 몸무게가 3킬로그램가량 늘었고 아이는 변비로 병원을 들락거렸다. 아이에게 바깥 음식만 먹인다는 죄책감을 감내하는 것도 힘든 일이었다. 그리고 이 모든 고민을 또 나 혼자만 하고 있다는 게 가장 큰 문제였다.

다시 방법을 모색해 평일에는 내가 밥을 차리고, 주말 아침은 남편이 담당하기로 했다. 매일 회사에 가는 남편보다 프리랜서인 내가 비교적 저녁 시간을 유연하게 쓸 수 있으니 이 정도는 합당하다고 생각했다. 남편도 흔쾌히 동의했다. 초반에는 만족스러웠다. 침대에 누워서 실컷 여유를 부리다가 차려진 밥상을 받는 기분이 참 좋았다. 하지만 이것도 오래가지 못했다. 일주일에 고작 두 끼를 맡을 뿐이어서일까. 남편이 임시로 온 알바생처럼 굴었다. 이를테면 내가 만든 반찬만 그대로 꺼내 놓거나, 금요일 저녁에 빵을 사서 아침에 덜렁 내놓는 식이었다. 그러다 보니 주말에 한 시간 더 잘 수 있다는 것 말고는 내 생활에 아무런 변화가 없었다.

결국 남편과 이 문제에 대해 진지하게 대화를 나눴다. 그는 억울하다고 항변했다. 자신은 이미 육아와 집안일에 최선을 다하고 있는 데다 '원래' 요리를 못해서 어쩔 수 없다는 것이었다. 하지만 육아와 집안일은 나 또한 전력을 다하고 있고, 신혼 시절 우리의 요리 실력은 비등비등했다. 단지 내가 손톱만큼 더 나았을 뿐이다. 남편과 이런 언쟁을 벌일 때마다 나는 발밑이 갈라지는 느낌을 받는다. 똑같은 땅을 밟고 서 있는 줄 알았는데 어긋난 선을 사이에 두고 그는 저쪽, 나는 이쪽에 서 있는 현실을 실감한다. 사회적 시선에서 나는 밥을 떠넘기려는 나쁜 엄마이고, 그는 밥도 차리는 유니콘 같은 아빠다. 진짜 억울한 사람은 나였다.

이렇게 된 이상 쉽게 물러서고 싶지 않았다. 밥을 차리는 데 얼마나 많은 노동이 뒤따르는지, 내가 밥을 하느라 무엇을 포기하고 있는지를 정리해 편지를 썼다. 남편의 열심을 인정하면서, 동시에 나의 요구사항을 전달하기 위해 한 줄 한 줄 고심하며 '이렇게까지 해야 하나'라는 자괴감이 들었지만, 사회가 만든 틀을 깨부수는 건 원래 고달픈 법이니까 힘을 내기로 했다.

그 편지를 읽고 남편이 180도 달라졌다……고 말할 수 있으면 좋으련만 별 성과는 없었다. 단지 남편에게 미안하다는 말을 들었을 뿐이다. 그렇게 나의 밥하는 일상은 흐지부지 이어지고 있었다.

배우자가 달라졌다

"아빠는 이 솜씨를 어떻게 숨기고 살았어?"

남편이 만든 미역국을 떠먹은 아이의 눈이 동그래졌다. 나도 따라 한술 떠서 맛을 봤다. 깜짝 놀랄 만큼 맛있다. 어떻게 만들었냐고 물어보니 유튜브 영상을 보고 따라 했단다. 우리의 호들갑에 신이 난 그는 참기름으로 미역을 달달 볶다가 육수와 소금을 넣고 끓인 다음 부족한 간은 참치액으로 맞췄다는 설명을 덧붙였다.

요즘 우리 가족은 남편이 차린 밥을 먹는 날이 많다. 지난 주말에는 "아이고, 밥하다가 하루가 다 갔네"라는 그의 푸념에 웃음을 터뜨렸을 정도다. 남편에게 편지를 쓴 뒤 1년이 지난 지금, 우리 집 밥상이 이만큼 달라졌다. 하루아침에 일어난 변화는 아니다. 작은 물방울이 모여서 바위를 뚫는 것처럼, 일상의 여러 소란들이 남편을 부엌으로 이끌었다. 가장 큰 영향을 미친 것은 집밥 노동자의 공백이었다. 내가 자궁질환으로 아픈 바람에 한동안 밥을 차리지 못하는 상황이 벌어진 것이다. 병을 발견한 초기에는 통증이 심하고 하혈을 자주 해서 병원을 수시로 오고가는 상황이 벌어졌다. 그러느라 집안일에 신경을 쓰지 못했는데 그 틈을 남편이 메웠다.

처음에는 배달음식과 밀키트로 일관하던 그가 며칠 만에 요리를 하기 시작했다. 장이 약한 아이가 또 변비로 고생을 했기 때문이다. 그는 유튜브를 보며 된장국, 장조림, 리소토 같은 음식을 따라 만들었다. 나와 아이는 남편이 서툰 솜씨로 만든 밥을 먹으면서 몇 주를 보냈다.

이 변화를 이끈 데는 나의 태도도 한몫을 했다. 아파서 누워 있는 동안 집밥 노동의 주도권을 온전히 남편에게 넘겼다. 예전 같다면 친정엄마에게 도움을 요청하거나, 반찬을 주문하는 식으로 내 손을 대체할 무언가를 찾아 헤맸을 것이다. 그러고도 밥을 직접 차려 주지 못한다는 죄책감을 느꼈을 게 분명하다. 하지만 일련의 사건들을 겪으며 일단 내가 먼저 그 족쇄를 풀어야 한다는 것을 깨달았다. 가족 구성원 중 어른은 두 명이고, 둘 중 하나가 아프다면 나머지 한 사람이 가족을 돌보는 게 당연했다. 그리고 돌봄의 중심에는 집밥 노동이 있었다.

고군분투하며 수십 번의 저녁 식사를 차려 낸 이후 남편은 나에게 진심으로 사과했다. 집밥 노동의 주체가 되어 보니 생각이 바뀌었다는 것이다.

"당신은 기획을 함께하자고 말한 건데, 나는 보조 업무만 하면서 내 일을 다 했다고 주장해 왔다는 걸 깨달았어. 예를 들면 당신은 사업 파트너가 필요했는데, 나는 인턴 사원의 역할만 한 거지. 둘이 함께 창업했는데 한 사람은 시키는 일만 하면 나머지 한 사람이 얼마나 답답하겠어?"

제 나름의 논리로 이 문제를 이해하는 남편이 갸륵해서 웃음이 터졌다. 실제로 그의 태도는 완전히 달라졌다. 내가 서재에서 일을 하고 있으면 굳이 요청하지 않아도 "오늘은 내가 저녁 준비할게"라고 먼저 말한다. 아무렇게나 구겨 넣은 대파를 곧장 꺼내 쓸 수 있게 손질해서 지퍼백에 넣어 두고, 주말에는 자진해서 냉장고 청소를 하기도 한다. 해 보니까 아는 것이다. 이 작은 손길들이 나에게 자유를 준다.

남편이 밥상을 차려 준 덕분에 나는 방에 틀어박혀 이 글에 골몰할 수 있었다. 부르면 나가서 차려진 밥을 먹고, 다 먹으면 방으로 들어와서 문을 닫고 노트북 앞에 앉았다. 그의 돌봄을 받아 보니 우리가 이제서야 동등한 가족 구성원이 되었다는 생각이 든다. 덕분에 나는 살림을 반반 나눈다고 해서 평등한 가정이 만들어지는 게 아니라는 사실을 배웠다. 진정한 평등은 서로가 가정의 주체라고 생각하며 행동할 때 이루어진다. 그리고 이 변화의 가장 큰 수혜자는 내가 아니라 남편이다.

"사는 데 꼭 필요한 기술을 하나 더 배운 것 같아."

그의 말대로 밥 짓기는 자립의 기본. 그는 이제 혼자서도 잘 살 수 있는 사람이 됐다.

부부 갈등은 아이에게 해롭기만 할까

홍애리

배우자와 안 맞아도 너무 안 맞는다.
아슬아슬하게 결혼생활을 해 나가는 게
아이에게 어떤 영향을 줄까? 부부 갈등은
아이에게 부정적이기만 할까?

당장 결단을 내리는 일과

갈등을 안고 하루하루 살아가는 일 중에

어느 쪽이 더 쉬운지 더 옳은지

섣불리 말할 수는 없다.

아이와 함께 드라마를 보는데 중년의 부부가 잠자리에 드는 장면이 나왔다.

"저 사람들은 한 침대에서 잠을 자네. 나이도 많은데 사이가 좋은가 보지?"

아이가 보인 뜻밖의 반응에 깔깔대면서도 수많은 생각이 엉켜들어 웃음 끝이 애매해졌다. "네가 보기에 엄마 아빠 사이는 어떤 것 같니?"라고 물어볼까 하다가 괜시리 민망해져 말을 삼켰다. 각방을 쓴 지 6년째. '각방 부부'를 넘어 '각집 부부'까지 TV에 등장하는 세상이라지만 부부의 합방 생활은 여전히 우리 사회의 가장 보편적인 생활양식이다.

배우자와는 딱히 사이가 나쁘다고는 할 수 없지만 생활패턴이나 습관 등이 너무 달라 현재는 서로 맞춰 갈 수 있다는 기대를 내려놓은 상태다. 큰 싸움은 없어도 일상 속 자잘한 다툼으로 관계의 질이 낮아질 대로 낮아졌다. 부부싸움은 '칼로 물 베기'라는데, 우리는 과도로 수도꼭지의 물줄기를 살짝 베어 보는 정도가 아니라 살수력이 엄청난 물대포에 칼날이 부딪혀 이가 빠질 정도로 타격감을 주고받으며 살아왔다. 겉보기엔 여느 가족보다도 잔잔한 모습이지만 내 속을 누가 알랴.

배우자와 내가 평행선을 걷는 동안 그 평행선 사이에 놓인 아이는 무엇을 보고 듣고 느끼며 살고 있을까. 이런 생각을 하면 가슴이 서늘해진다.

아이 앞에서 싸운다

나의 부모는 갈등을 봉합하지 못한 채 괴로운 결혼생활과 별거를 이어 가다 30년 만에 이혼했다. 숱하게 싸우는 동안 고성과 폭력이 오갔고 경찰도 오고 갔다. 그때의 슬픔도 긴장도 미움도 지금은 남아 있지 않지만, 유독 한 가지 풀리지 않는 의문이 응어리져 있다. 우리 엄마 아빠는 도대체 왜 싸운 걸까. 갈등의 이유를 누구도 나에게 속 시원히 말해 주지 않았고, 누구에게도 대놓고 물어볼 수가 없었다. 추측과 짐작으로 부정적인 시나리오를 써 내려가던 그 시절 아빠의 거친 행동과 엄마의 울음소리는 불가해한 장면으로 남아 내 장기기억 속에서 화석처럼 굳어졌다.

초등학생 자녀를 둔 엄마가 되고 보니, 갈등에는 하나의 원인만 있는 게 아니며 부부에게는 각자의 입장이 있을 수밖에 없다는 것을 자연스레 알겠다. 아이가 어리면 어린 대로, 크면 큰 대로 부부의 문제를 이해시키는 일이 얼마나 어려운지도 알게 되었다. 하지만 갈등의 당사자가 아니란 이유로 가족 안에서 벌어지는 문제에 대해 몰라도 되는 것은 아니다. 우리 집 아이에게는 그런 유의 답답함과 의구심을 만들어 주고 싶지 않았다.

알맹이는 다 빼고 낯선 감정만 주고받는 것은 모두에게 이롭지 않다. 흔히들 '싸울 거면 아이 없는 데 가서 싸우라'고 조언하지만 나는 아이가 있는 곳에서 배우자와 우리의 갈등에 대해 말하길 꺼리지 않는 편이다. 터져 나오는 감정을 표출해 분위기를 일순간 얼리는 식으로가 아니라 갈등의 내용 그 자체를 놓고 단도직입적으로 이야기를 나누려고 한다. 만약 우리 둘이 심각한 표정으로 집 밖으로 나가면 아이는 홀로 남아 부정회로를 돌릴 것이고, 방문을 닫고 둘이 수군수군하면 우리 대화를 엿듣고자 온 신경을 쏟을 것이다. 아이가 있는 이상 피할 곳은 없다. 차라리 아이가 있는 곳에서 아이를 의식하며 정돈된 어조로 이야기를 나누는 게 낫다. 아이도 엄마 아빠의 문제를 아는 편이 덜 불안할 테니까 말이다.

이제 아이는 부모가 완벽하지 않다는 것, 서로 징하게 안 맞는 점이 있다는 것, 같은 실수를 반복한다는 것을 안다. 더불어, 부모가 갈등을 모른 척 방관하지 않는다는 것, 문제가 반복돼도 더 나은 방법을 찾고자 한다는 것, 무엇보다 자기와 부모 사이에 비밀이 없다는 것을 안다. 아이는 엄마 아빠에게 궁금한 점이 있으면 직접 물어본다. 가끔은 우리 대화에 참여하기도 한다. 우리가 갈등을 수면 위에서 다루면 아이도 그 문제에 대해 혼자 상상하며 걱정하지 않을 수 있다.

아이와 드라마를 본 다음 날, 같이 산책을 하며 전날 삼킨 질문을 꺼냈다.

"네가 보기에 엄마 아빠는 어떤 사이인 것 같아?"

"음. 부부 그 이상도 이하도 아니지."

이건 또 무슨 말인가.

"그냥 가족이라는 뜻이야. 한집에 같이 사는 가족."

사이가 좋지는 않아도 아이 눈에 나와 배우자는 부부이고 가족이란다. 그럼 됐지 무엇을 더 바랄까.

그 사람이 싫은 것과 그 사람의 어느 점이 싫은 것

결혼한 이래로 배우자와 함께 가족여행을 간 횟수가 한 손에 꼽을 정도다. 웬만하면 그와는 여행을 가지 않는다. 집에서도 안 맞는데 밖에 나가면 더 안 맞아서 기분을 망칠 때가 한두 번이 아니었다. 그럼에도 작년 추석 연휴에 큰맘 먹고 경주로 가족여행을 떠났다. 그러고는 하루도 안 되어 그를 집으로 돌려보내려고 KTX 열차표를 검색하는 나를 발견했다. '한집에 사는 것으로 충분해. 여행은 이게 마지막이다.' 열차표를 끊을까 말까 고민하며 보문호를 세 시간 동안 걷다가 피곤해져서 예매 창을 닫았다는 웃지 못할 에피소드.

배우자의 싫은 점을 말하라면 망설이지 않고 말할 수 있다. 맨날 시끄럽게 유튜브를 틀어 놓고 자는 것, 설거지하고 손에 묻은 물기를 바닥에 뚝뚝 흘리고 다니는 것, 양치질하고 칫솔모를 제대로 헹구지 않아 이물질이 잔뜩 낀 칫솔을 전시해 놓는 것, 반찬을 사다 두면 어느새 안주용으로 소진하는 것까지. 자잘하게 말하자면 끝이 없다. (그도 나에 대해 싫은 점이 나만큼이나 많겠지.) 싫은 건 싫은 것이다. 다른 좋은 점이 싫은 점을 상쇄할 수는 없다.

"엄마, 나는 싫은데 안 싫은 척하는 게 제일 싫어."

아이든 어른이든 '착한' 사람과 '착한 척'하는 사람쯤은 구분할 줄 안다.

"엄마 아빠가 만약 사이좋은 척했다면 그게 더 싫었을 거야."

그렇게 말하는 아이의 단호한 표정에서 진심이 묻어났다. 나도 아이의 말에 전적으로 공감한다. 아이 앞에서 아무 일 없는 양 위선을 떠는 것만큼 쓸데없는 짓이 또 있을까. 누굴 속이려고. 아이는 엄마 아빠를 꿰뚫어 보고 있다.

우리 집에서는 자유롭게 싫어할 권리가 보장된다. 가족이니까 좋은 척해야 한다고, 싫은 점도 참아야 한다고 여기지 않았으면 한다. 그렇지만 '어떤 점'을 싫어하는 것과 '그 사람'을 싫어하는 것은 구분 짓기를 바란다. 나는 배우자의 많은 점을 싫어하지만 좋은 점도 알고 있다. 아이에게 "아빠의 이러이러한 점이 너무 싫다"고 말하는 것처럼 "아빠에겐 이러이러한 좋은 점이 있다"고도 말한다. 좋은 점만 말하는 건 위선이다. 내가 배우자에 대해 나쁘게 말한다고 해서 아이가 아빠에 대해 부정적으로 생각할까 염려하는 건 부정적 예측의 오류다.

"너 아빠 좋아하지?"

얼마 전 아이에게 불쑥 물었더니 바로 답이 돌아왔다.

"응. 아빠가 내 아빠여서 다행이지. 물론 싫은 점도 있지만."

아이는 알고 있다. 상대방의 모든 점을 좋아하지 않아도 상대방을 충분히 좋아할 수 있다는 것을.

갈등은 삶보다 작다

배우자와의 갈등이 극에 달했을 때, 답답한 마음에 사주를 보러 갔다. 사주상담가는 나는 불이고 배우자는 물인데 둘 다 기운이 강하니 화합할 생각은 말고 적당히 거리를 유지하며 살라고 했다. 그 말이 묘한 위로가 됐다. 바위도 시간이 지나면 풍화되고 그보다 유한한 인간은 세월의 풍파 속에서 빠르게 마모되어 간다. 예쁘고 완만하게 깎이면 좋겠지만 사실은 손상에 가까울 정도로 갈등으로 인해 일그러진다. 배우자의 멱살을 잡고 그를 마구 때리는 상상을 해도 화가 풀리지 않던 날, 더 망가지기 전에 배우자 때문에 속 끓이는 짓을 그만둬야겠다고 결심했다.

살면서 마주한 대부분의 문제는 내가 붙잡고 끙끙댄 만큼 해결됐는데, 부부 문제는 도무지 해결될 기미가 보이지 않는다. 오히려 끝장을 보겠다고 파고들수록 갈등의 골이 더 깊어지는 느낌이다. 타인으로 인해 이렇게 분노에 휩싸여 본 적도, 죽이고 싶을 만큼 누군가가 미웠던 적도 없는데, 그 대상이 하필 내가 사랑해서 선택한 배우자라니.

그는 변하지 않을 것이고 나 역시 쉽게 변할 수 없다는 것을 인정하니 이상한 동질감이 싹텄다. 쉽게 바뀌지 않는다는 거대한 공통점. 그토록 다르다고 여겼는데 실은 꽤 비슷한 인간이었나 보다. 갈등에서 '줌 아웃'하자 갈등이 작아지는 효과가 나타났다. 갈등 자체는 그대로지만 그것이 내 인생에서 차지하는 비중이 줄었다. 우치다 다쓰루가 쓴 《곤란한 결혼》의 부제처럼 '타인과 함께 사는 난감함'은 신발 속 모래처럼 수시로 걸리적거린다. 그러나 그 사람이어서가 아니라 친인척, 회사, 친구들, 학교, 지하철과 버스 안 어디에서든 모래는 굴러 들어오는 법이다.

갈등이 꼭 나쁜 것도 아니고 피할 수 있는 것도 아님을 아는 것은 체념일까 지혜일까. 아이가 학교와 학원에서 자신을 화나게 하는 친구들을 신랄하게 비판할 때, 나는 어른으로서 중용을 지키지 않고 맞장구를 친다. 그러면서 그 불편함에 어떻게 대처할지, 싫은 마음을 조금이라도 줄일 방법이 있을지 같이 고민한다. 가끔 내가 과하게 걱정하면 아이는 "사랑해서 결혼해도 맨날 싸우는데 친구끼리 싸울 수도 있지 뭘 그래!"라며 나의 렌즈를 돌려 시야각을 넓힌다. 역시 아이는 나보다 한 수 위다.

어쩌면 우리 부부 사이가 안 좋아서 아이가 상처받으면 어떡하나 고민하는 것도 일종의 오만일지 모르겠다. 한번에 해결되지 않는 갈등은 그냥 두고, 모래를 털어내고 또 털어내되 신발 터는 일에 내 삶이 잠식되지 않도록 주의해야 한다는 것. 모래 한 알 때문에 신발을 내던지거나 걷기를 포기할 필요는 없다는 것. 나도 결혼생활을 통해 그것을 배워 가고 있고, 아이도 자기 나름대로 삶의 지혜를 터득하는 중인 것 같다.

언젠가 끝은 온다

당장 결단을 내리는 일과 갈등을 안고 하루하루 살아가는 일 중에 어느 쪽이 더 쉬운지 더 옳은지 섣불리 말할 수는 없다. '이러다 백발노인이 될 때까지 계속 살게 되는 거 아냐?' 하는 위기감이 엄습할 때도 있고, '자연스레 서로를 위해 더 나은 결정을 내리게 되는 때가 오겠지' 하며 숨을 고를 때도 있다. '고민하다 세월 다 가겠네' 싶을 때가 가장 많지만 말이다. 하지만 그것도 나쁘진 않은 것 같다. 예전엔 시간이 해결해 준다는 말이 수동적인 뉘앙스로 느껴졌는데 지금은 꼭 그렇지만은 않다.

아이가 어릴 적 어린이집에서 부모참관 수업을 한 적이 있다. 11시가 되자 선생님이 아이들에게 "자, 긴바늘이 6에 가면 놀이 정리할 거예요"라고 일러 주었다. 아이들은 "빨리 놀자~" 하고 마음이 급해졌는데 한 아이가 계속 시계를 살펴보며 긴바늘이 6에 가까워질까 봐 걱정하는 것이었다. 그러다 아예 시계 앞에 자리 잡고 서서 긴바늘만 쳐다보기 시작했다. 갈등을 시간에 맡긴다는 것은 시간이 흘러가기만을 바라며 가만히 있겠다는 뜻이 아니다. 오히려 시간의 가능성에 마음을 열어 보겠다는 뜻이다. 나에게 주어진 시간을 아낌없이 살아낸 후 어떤 모습으로 숫자 6을 맞이할지 호기심을 가져 보겠다는 뜻이다.

어떤 끝이든 내가 보낸 시간이 만들어 낸 결과이니 받아들이자고 마음먹으며, 오늘도 배우자의 싫은 점에서 조금이라도 나를 지킬 수 있는 방법을 찾는다. 그가 틀어 놓은 유튜브 소리가 듣기 싫어 무선 이어폰을 사다 주고, 층간소음을 유발하는 그의 발망치 소리가 거슬려 쿠션감 좋은 슬리퍼를 사다 준다. 그러나 그는 얼마 안 가 이어폰을 잃어버리고, 슬리퍼는 한쪽 구석에 처박힌다. 뫼비우스의 띠처럼 나의 시도는 시험당한다.

"여보, 유튜브 소리 좀 줄여. 너무 시끄럽지 않아?"

이것은 그저 작디작은 모래 한 알갱이다. 나는 다시 노트북을 연다. 잃어버릴 염려가 없는 커다란 헤드셋과, 슬리퍼처럼 신고 벗어야 하는 귀찮음을 줄일 수 있는 쿠션 양말을 살 참이다.

이번에는 아이가 인터넷 검색을 맡아 주었다. 아빠에게 어울리는 물건을 신나게 찾는 모습을 보며 문제에 대안을 찾아가는 일도 놀이처럼 재미있을 수 있겠단 생각을 1초 정도 했다. 이번엔 부디 배우자가 오래 착용해 주길 바랄 뿐이다.

사이좋은 부부가 됨으로써 아이가 부모로 인해 슬퍼할 일이 없도록 할 수 있다면 좋겠지만, 그것이 어렵다면 갈등을 다루어 가는 부모의 모습을 보여 주며 아이의 성장을 기다리는 것도 한 방법이다. 아이가 자란다는 건 얼마나 기쁜 일인가. 우리의 갈등이 해결되는 속도보다, 그와 내가 서로에게 맞는 인간으로 변모하는 속도보다, 아이가 자라는 속도가 훨씬 빠르다. 나는 아이가 '이 지긋지긋한 집구석에서 벗어날 날만 기다리겠어'라는 자세로 시계 앞에 서 있지 않도록, 같이 인터넷 검색도 하고 아빠 욕도 하고 가족회의도 하고 아이에게 적나라하게 지적도 받으며 세월을 충실히 살아낼 것이다.

"엄마, 나는 결혼은 꼭 해 보고 싶어. 아기도 낳고 싶고."
"너는 엄마 아빠가 사는 걸 보고도 결혼이 하고 싶니?"
"무슨 상관이야. 나는 엄마 아빠랑 다른데."

일단은 아이의 이 말에 가슴을 쓸어내리며 괜한 자책감을 털어내 보련다.

유튜브에 영향받는 아이와 어떻게 대화할까

이효정

유튜브나 또래문화의 영향을 받으며 아이가 점점 자신과 가치관이 다른 사람으로 성장하는 과정을 지켜보고 있다. 아이와 대화 중에 불꽃이 튈 때가 많지만 이런 순간에도 생각이 다른 사람과는 어떻게 이야기를 나누는 게 옳을지 고민한다.

아이에게 가장 큰 영향을 미친 것은

역시 유튜브였다.

온라인에서 중국혐오 정서가

빠르게 확산되고 있던 어느 날

아이가 씩씩대며 영상 하나를 보여 주었다.

무해하게 잠든 아이의 모습은 고해를 불러일으킨다. 참지 못한 화, 냉대, 소홀했던 것들을 떠올리게 한다. 큰 아이가 자는 모습을 보며 머리를 쓰다듬어 주었던 게 언제였을까? 열한 살쯤 아이가 내 무릎을 베개 삼아 자던 모습이 떠오른다.

아이는 이제 내가 머리를 쓰다듬기라도 하면 깜짝 놀라 벌떡 일어나며 "왜 이러세요?"라고 할 것 같다. 몸도 마음도 커 버려 이제 말 그대로 독립된 인격체로서 존재감을 뿜어낸다. 키도 훌쩍 커 우리 집에서 가장 크다. 어른들의 조언과 충고는 참고일 뿐 자기의 기준과 생각을 다지며 자신만의 세계를 만들고 있다.

부모의 세계와 균열을 일으키는 10대의 세계

아이의 세계가 영화와 음악으로 채워질 때는 흐뭇했다. 아날로그 감성을 좋아하며 레트로에 열광하는 그 세대 문화의 영향이 컸다. 그 덕에 아이와 대화할 것이 많았다. 나는 20대에 좋아했던 음악과 영화를 소개해 주었다. 아이는 자신이 들은 음악 중 엄마 취향일 것 같다며 처음 듣는 곡을 들려주기도 했다. 그런데 어느 때부터 조화롭다고 느꼈던 세계에 균열이 일어나기 시작했다. 아이와의 대화에 팽팽한 긴장감이 도는 순간도 종종 있었다.

"북한은 적이지. 아직 전쟁이 끝나지 않았으니까."

그저 노는 거 좋아하고 해맑기만 한 줄 알았던 아이가 진지한 얼굴로 불쑥 이런 이야기를 꺼냈을 때 내심 당황했다. 마치 그동안 함께했던 시간들을 부정당한 기분이었다.

우리 부부는 정치에 관심이 많다. 필요할 때는 광장에 나서기도 주저하지 않는다. 특히 나는 한반도 평화를 주제로 한 교육을 10년 넘게 했고 그 전에도 같은 이슈로 사회단체 활동을 했다. 아이들은 자연스럽게 부모가 나누는 정치 이야기를 듣고 때로는 관련 행사에 함께 참여하며 자랐다.

사춘기가 시작되면서 아이에게는 친구들과 보내는 시간이 먼저가 되었다. 자연스레 부모와 보내는 시간이 줄었다. 초등 고학년 무렵부터 사용한 스마트폰도 한몫했다. 아이는 주말이면 친구들을 만나거나 온라인 세상에 접속했다. 나는 아이의 사생활을 존중해 주는 게 최선이라 생각했다. 그사이, 아이의 생각은 꽤 달라져 있었다.

불과 몇 년 전에는 엄마의 적극적인 지지자 같던 아이였다. 나는 세월호 참사 이후 기억 팔찌를 늘 하고 다녔다. 어느 날 보니 권하지 않았는데도 아이가 같은 팔찌를 차고 있었다. 한번은 아이가 수업 시간에 성소수자 혐오 발언을 한 선생님 이야기를 전해 주었다. 그 이야기를 듣고 나는 다른 학부모들과 의견을 모아 학교에 교사들의 성인지 교육을 요청하기도 했다.

지금, 아이에게 가장 큰 영향을 미치는 것은 역시 유튜브다.

온라인에서 중국혐오 정서가 빠르게 확산되고 있던 어느 날, 아이가 씩씩대며 영상 하나를 보여 주었다. 영상에서 중국인 기자가 축구선수 손흥민의 팀 감독에게 "손흥민은 원래 중국인의 후손이니 중국인을 더 뽑을 생각이 없는가?"라고 물었다. 감독은 단호하게 그 기자의 질문을 물리쳤다.

아무래도 이상해서 다시 보니, 날조된 영상이었다. 기자가 했다는 질문은 덧입혀졌고 감독이 한 말과 영상에서 보여 주는 자막의 내용이 달랐다. 나의 반박에 아이는 머쓱해했지만 유튜브에서 보는 영상들을 곧바로 신뢰할 수는 없다는 점을 배웠다.

정보의 출처를 알아보려는 노력과 무관하게 문제의 영상들은 계속 만들어진다. 소수자에 대한 차별을 정당화하거나 그들을 우대하는 정책이 생기면 다수가 역차별을 당한다는 내용의 영상들 말이다. 그 영향을 무시할 수 없다는 사실을 아이와의 대화에서 항상 느낀다.

공격처럼 느껴지는 아이의 질문

비단 한국사회의 정치인이나 영상물 창작자만이 문제가 아니다. 음악성을 인정받는 흑인 힙합 가수, 전기자동차와 우주항공 기술 투자로 유명한 미국 기업가도 있다. 그들이 숙고와 맥락 없이 하는 이야기들이 짧은 영상에 담겨 크나큰 영향을 주고 있다. 아이는 이런 영상들을 어떻게 생각하는지 나의 의견을 물었다.

그 질문들에 답을 잘하고 싶었다. 아이가 이 시기를 지나 더 단단해지기를 바랐다. 나와 크게 다르지 않은 가치관을 갖기를 바라는 욕심도 있었다. 잘못된 정보는 단호하게 아니라고 했지만 입장과 태도의 문제를 마주하면 내 감정은 오르락내리락했다. 논쟁을 만든 이들에게 화가 났지만 아이에게 차분하게 이야기하려 노력했다.

한번은 아이가 여성가족부에 대한 내 의견을 물었다.

"여성가족부 폐지는 그 기관의 역할을 모르고 무책임하게 하는 말이야. 가출 청소년, 가정폭력에 노출된 아동들을 보호하는 역할과 예산 모두 여성가족부에 있어."

여성가족부가 여성의 특권을 지켜 주기 위해 존재하는 줄 알았던 아이는 거칠게 하던 주장을 조심스레 바라보기도 했다. 그러나 이후에도 지나치다 싶을 만큼 흥분할 때가 있었다. 소수자의 권리를 위한 싸움을 두고 아이가 이기적이고 폭력적인 행동이라고 이야기할 땐 나 또한 차분하게 대화를 나누기 어려웠다. '너와 내가 함께한 시간이 있는데 어떻게 이러냐'라는 생각에 감정이 고조되었다. 다행히 그날은 남편이 침착하게 대화를 이어 받았다.

이런 일이 반복되자 아이와의 대화가 부담스러워졌다. 나의 생각에 도전하는 듯한 질문에 피로감을 느꼈다. '아이'라고 표현하는 게 어색할 만큼 큰 남자 청소년과의 대화라는 점도 작지 않은 이유가 됐다. 남편보다 굵은 중저음, 도전적인 말투가 주는 긴장이 있었다. 논쟁과 토론이 합의에 이르지 못할 때가 많았다. 아이는 고개를 갸웃거리거나 나의 이야기에 답답함을 표현했다. 어느 순간부터 아이가 하는 질문이 나에 대한 공격처럼 느껴졌다.

질문할 수밖에 없었던 아이

아이는 주로 아빠보다 엄마인 나에게 더 많이 질문했다. 40대 엄마와 10대 아들이 겪고 있는 건 세대 갈등이라기보다 젠더 갈등일까? 지인들을 만나면 농담처럼 아이가 나를 도발하려고 질문한다고 이야기했다. 아이의 질문이 부담이 되는 한편, 사회적 이슈에 대해 나와 이야기 나누고 싶어 하는 게 반가운 일이라는 양가적 감정이 공존했다. 확실히 아이의 질문은 말싸움을 위한 것이 아니었다.

"어릴 때는 엄마 아빠가 말하는 게 전부인 줄 알았는데 좀 크고 보니까 아니더라."

이 말을 듣고 나서야 아이가 다른 세상을 마주하며 질문할 수밖에 없었음을 깨닫게 되었다. 정치인과 영향력 있는 인물들, 그리고 또래들이 온라인 공간에서 두텁게 쌓아 가는 시선을 무시하기 어려웠을 것이다. 그렇게 생각하니 아이의 입장을 조금 이해할 수 있었다.

'잠재적 가해자'가 불러온 논쟁

얼마 전에도 아이가 흥분한 목소리로 물었다.

"모든 남자가 잠재적 가해자라는 말에 대해 어떻게 생각해? 늦은 밤 거리에서 흑인을 보면 범죄를 저지를 거라고 생각하는 게 인종차별인 것처럼, 남자들을 잠재적 가해자로 보는 것도 마찬가지 아니야?"

이번에는 아이와 여러 번에 걸쳐 대화를 나눴다. 10대의 아이가 한번에 이해할 수 있는 대답을 하기는 어려웠다. 나는 먼저 남성을 위협적으로 느끼는 여성의 경험을 이야기했다. 먼 얘기는 필요 없었다. 나의 경험이면 됐다. 늦은 밤 귀갓길, 어떤 남자가 대문 앞까지 따라온 적이 있다. 나는 그에게 따라오지 말라고 다급하게 소리를 질렀다. 그 와중에도 그 사람 기분이 상해 나에게 더 나쁜 행동을 할까 무서워 존댓말로 고함을 쳤다.

또 다른 이야기는 남자 후배의 에피소드였다. 늦은 밤 앞에 가는 여성이 뒤를 흘끗 보며 걱정하는 것을 눈치 챈 후배는 "저도 이 길로 가야 합니다. 걱정되실 테니 제가 먼저 갈게요"라고 말하며 여성을 지나쳐 갔다고 한다. 왜 의심받아야 하는가, 라는 분노는 일지 않았다고 한다. 경험에서 나온 이야기에 아이는 여성 다수가 느끼는 두려움과 불안에 대해 다시 생각해 보는 듯했다.

아이의 질문을 계기로 '잠재적 가해자'를 검색해 보았다. 그 표현을 비판하기 위해 쓰여진 글들이 적지 않았다. 그 글들에는 성폭력 범죄 예방을 위해 '잠재적 피해자' 교육을 할 필요는 있지만, 모든 남성을 잠재적 범죄자로 취급하는 '잠재적 가해자' 교육은 혐오라는 주장이 담겨 있었다. 여성들에게 밤길 조심하라는 교육은 되지만, 남성들로 하여금 여성들의 불안과 공포를 이해하고 공감하도록 하는 교육은 용납할 수 없다는 내용들이었다.

한편, 한국여성의전화가 발표한 언론보도 분석 통계 〈2024 분노의 게이지〉에 따르면, 2024년 한 해에만 친밀한 관계의 남성 파트너에 살해된 여성은 181명이다. 이틀에 한 명꼴로 여성들이 가까운 사람에 의해 목숨을 잃었다. 언론에 보도되지 않은 사건까지 고려하면 실제 피해자는 더 많을 것이다. 이런 범죄는 극단적인 폭력 성향을 가진 일부 남성들의 특수한 경우일까? 여성들이 살해당하지 않기 위해 남성의 폭력성을 자극하지만 않으면 되는 것일까?

여성을 대상으로 삼는 범죄는 우리나라만의 문제가 아니다. 2024년 호주 정부는 4일에 한 명꼴로 여성 살해가 일어났다는 통계를 발표하고 이러한 상황을 '국가 위기'로 규정해 대응하고 있다. 2023년 캐나다 법원은 여성혐오 살인을 저지른 남성에게 살인죄와 더불어 테러죄를 적용해 가석방 없는 무기징역형을 선고했다. 범행 당시 청소년이었던 이 남성은 가석방 자격이 주어지는 종신형이 예상됐지만 테러죄가 추가되면서 가중 형벌이 집행됐다. 영국 또한 내무부 주도로 '극단적 여성혐오'를 테러로 규정하는 방안을 검토하고 있다. 이 방안이 시행될 경우 극단적 여성혐오의 조짐을 보이는 사람에게 선제적인 조치로써 대 테러 예방 프로그램을 시행하게 된다.

아이는 여전히 '잠재적 가해자'라는 표현을 불쾌하게 느낀다. 하지만 데이트 폭력을 비롯해 여성에 대한 범죄의 가해자가 대부분 가까운 남성이라는 것을 안다. 그들을 처음부터 선별해 낼 수 없는 현실 또한 인정한다.

아이에게 물었다.

"그럼 대안이 뭘까?"

그러자 정답 같은 답이 돌아왔다.

"교육과 처벌이 아닐까?"

그래서 나도 힘주어 동의를 표현했다.

"그래, 나도 너와 생각이 같아. 일단 단어에 너무 매몰되지 말고 문제를 보자."

아이가 인종, 계급의 문제와 또 다르게 작동하는 우리 사회의 젠더 법칙, 가부장적인 문화를 성찰할 수 있다면 좋겠다. 그럴 수 있다면 표현방식에만 매몰되어 문제의 본질을 외면하는 일은 없을 것이다. 여성학자 정희진의 말처럼 잠재적 가해자 인정을 넘어 여성들의 "현실적, 현재적, 일상적 피해"를 직시하고 "성차별 구조에서 가해자의 위치"[17]에 있음을 인정하는 성인 남성으로 아이가 자라기를 바란다.

나는 유해한 영상들이 넘쳐나는 유튜브로부터 10대의 아이를 구출하지는 못했다. 아이가 나와 유사한 가치관을 갖게 된 것도 아니다. 그러나 아이는 한쪽으로 치우친 정보와 생각을 덜어내고 자기 생각을 다듬어 간다.

"엄마에게는 이렇게 얘기해도 친구들과 대화할 때는 엄마 의견을 얘기할 때도 있어."

아이의 이런 말에 잠시 안도한다. 아이에 대한 나의 믿음도 조금씩 자란다. 아이가 나와 똑같은 눈으로 세상을 보지 않을 수 있음을 받아들인다. 우리의 대화는 이기고 지는 싸움이 아니다. 서로의 세계에 질문하고 응답하려는 노력의 과정이다. 포기하지 않고 끝까지 대화하는 것. 그것이 지금 우리가 통과하는 시간의 최선이라 믿는다.

---

17   정희진, 《나를 알기 위해서 쓴다》, 교양인, 2020.

5장

고민하는 만큼
우리 집은
달라질 것이다

우리 집에 적정한 사교육은 어느 정도일까

이효정

'느림보 부모'이고자 했지만 아이들의 사교육 요구 앞에서 게으른 엄마였던 건 아닐까 자책한 적도 있다. 지금은 아이들의 속도를 존중하며, 필요한 순간을 놓치지 않으려 애쓰고 있다.

아이의 자연스러운 속도를

존중하는 것과

학교 교육의 표준을

따라가는 것 사이에서

균형을 맞추는 일은 얼마나 어려운지.

아침에 일어나 보니, 밤 사이 스마트폰 알림이 30개 가까이 와 있었다. 출신 학교와 수업 운영 계획, 자신이 가르친 아이들의 성적 향상까지 소개한 글들이 쌓여 있었다. 비슷한 듯 다른 글들을 읽다 보니 피로가 몰려왔다. 전날 밤, 지인이 추천해 준 앱에 아이의 과외를 "생각 중" 상태로만 공유했는데 수많은 지원서가 들어온 것이다. 당황스러웠다.

뒤늦게 사교육의 장에 들어서다

"나 영어 과외 시켜 줘."

방학을 맞이한 둘째의 요구사항이었다. 요지는 단순했다. 친구들보다 영어를 못하니 학원에 가면 뒤따라 가기 바쁠 것 같다는 것이다.

유아기의 한글 교육뿐만 아니라 영어를 비롯한 외국어 교육까지, 사교육이 기본 값인 한국사회에서 나는 '느림보 부모'를 자처했다. 비슷한 생각의 부모들과 온라인 커뮤니티에서 적극적으로 교류했다. 주말이면 도서관에 함께 가고 미술관 등에서 주최하는 프로그램을 통해 다양한 경험을 쌓게 하는 것이 아이에게 더 의미 있는 교육이라 생각했다.

남편 생각도 다르지 않았다. 사교육에 쓸 돈으로 여행하며 아이들에게 다양한 세계를 경험하게 해 주고 싶다는 게 그의 철학이었다. 우리는 정말 부지런히 여행을 다녔다. 학원 스케줄 조정이 어려워 장기 여행을 떠나지 못하는 가정에 비하면 자유로운 시간이었다. 그러나 아이들이 초등학교 고학년생이 되면서 상황이 조금씩 달라졌다. 학업량이 많아지자 두 아이는 친구들과 자신의 격차를 의식하기 시작했다. 친구들이 모두 학원에 있어 놀 친구가 없기도 했다. 결국 두 아이 모두 초등학교 6학년부터 수학학원을 다니기 시작했다.

사실 첫 사교육 경험이 수학학원은 아니다. 둘째는 그보다 먼저 사교육을 경험했다. 유독 문자 체득을 어려워한 둘째는 초등 2학년에 방과 후 한글 보충수업을 들었다. 코로나 시기를 겪으며 학습이 늦어진 아이들에 대한 교육청 지원 정책의 일환이었다. 그제서야 학교 보충수업으로는 부족할지 모른다는 생각이 들었다. 그래서 한글 수업을 별도로 받게 했다.

둘째는 여섯 살 무렵, 다니던 어린이집 선생님으로부터 이미 한글 사교육을 권유받은 적이 있었다. 한글 수업을 잘 따라가지 못하는 아이에 대해 선생님은 이렇게 말씀하셨다.

"아이가 이렇게 친구들보다 늦어지면 자존감이 낮아지고 리더 역할도 할 수 없어요."

이 말에 나는 오히려 선생님을 다독였다.

"아이마다 자라는 속도가 다른데 모두 표준으로 맞출 수는 없다고 생각해요. 그리고 리더를 맡는 아이가 있다면 거기에 적극적으로 협조하고 맞춰 주는 역할을 하는 아이도 있잖아요. 저는 제 아이가 꼭 리더 역할을 해야 한다고 생각하지 않아요."

그랬던 내가 뚝심을 쭉 유지하지 못하고 사교육의 세계에 발을 들였다. 한글을 다 익히지 못해 학교생활이 힘들었을 아이를 생각하니 안쓰러운 마음이 밀려왔다. 다른 선택을 했다면 결과가 달랐을까? 마음이 복잡했다. 아이의 자연스러운 속도를 존중하는 것과 학교 교육의 표준을 따라가는 것 사이에서 균형을 맞추는 일이 얼마나 어려운지 새삼 깨달았다.

우리나라는 OECD 가입국 중 사교육 참여율이 최고인 나라다. "수학 선행을 해야 수능 준비가 어렵지 않다더라", "중학교 입학하기 전에 영어 문법을 정리해 놓아야 고생을 덜 한다는데", "아이가 공부를 특별히 잘하기를 바라서가 아니라 친구들에 뒤처져 힘들까 봐"……. 부모들이 사교육을 선택하는 이유는 끝이 없다. 결국, 걱정과 두려움이 사교육 최고 참여율 국가를 만드는 건 아닐까?

아이들의 성장을 응원한다면

6학년이 된 둘째에게 2학년 때 일을 이야기하며 물었다.

"학교에서 많이 힘들지 않았어? 다른 엄마들처럼 먼저 한글 학습지라도 시켰으면 괜찮았을까?"

아이는 2학년 담임 선생님을 좋아했고 학교생활이 즐거웠다고 이야기했다. 한글 때문에 학교에서 보충수업까지 받았던 일은 기억도 못 했다. "너무 어릴 때부터 공부를 하는 건 좀……"이라며 엄마의 선택을 존중하는 말까지 건넸다.

둘째가 그 시절을 긍정적으로 바라볼 수 있는 이유는 '노력하면 할 수 있다'는 자신감 덕분이다. 자신감을 안겨 준 분은 5학년 때 담임 선생님이다. 노트 필기부터 공부하는 법, 책을 읽는 재미까지 느끼게 해 준 그분은 "이 시기 아이들이 공부에서 성취감을 갖지 못하면 앞으로 중고등학교까지 남은 시간이 힘들 수 있어요"라며 기초를 잡아 주기 위해 정말 열성을 다하셨다.

큰아이는 어떨까? 큰아이는 어린 시절 공부(사교육)의 공백을 아쉬워한다. 앞서 나간 친구들과 간격을 좁히기 어렵다는 것이다. 하지만 "난 정말 원없이 놀았던 것 같아. 그래서 열심히 할 수 있을 것 같아"라고도 한다. 공부는 생각처럼 잘되지 않지만 학교생활은 정말 열심히 하고 있다. 요즘은 학교 축제 기획과 준비에 에너지를 쏟고 있다. 이전과는 다른 학교 축제를 만들고 싶다고 포부를 밝힌다. 입시 준비도 해야 하는데 축제 준비라니, 하는 걱정도 잠시 들었지만 아이에게 좋은 경험이 될 거라는 생각으로 물리친다.

아이들은 학교에서 친구들과 관계를 맺고 다양한 활동을 한다. 나는 그중에서 자신이 좋아하는 것을 찾아 성취의 기쁨을 알아 가는 것이 중요하다고 생각한다. 그 힘으로 아이가 성장하고 앞으로 나갈 거라고 믿는다. 부모가 정해 준 울타리에서 주어진 것을 해내는 것보다 자신만의 것을 찾아 만들어 갈 때 더 크게 자랄 것이다.

물론, 공부를 즐거워하고 잘한다면 아이에게 큰 도움이 되는 게 엄연한 사실이다. 그러니 학교생활 덕에 스스로에게 믿음이 생긴 아이를 격려해서 사교육 없이도 공부할 수 있게 한다면 더할 나위 없이 좋을 것이다. 하지만 나는 아이 스스로 계획을 세워 공부할 수 있도록 돕는 일을, 아이와 갈등 없이 잘 해낼 자신이 없었다. 나와 아이에게 한정된 시간을 아이의 공부를 위해 모두 쓰는 것도 어려웠다.

사교육? 엄마표? 모두 부모의 몫

사교육을 절대 하지 않겠다는 생각을 한 건 아니었다. 하지만 아이의 필요로 시작하게 되니 여러 생각이 교차했다. 우리나라에서 사교육 없이 아이를 키우는 것은 불가능한가? 그것은 아이를 방치하거나, 정반대로 가늠할 수 없는 정성과 에너지를 아이에게 쏟아붓는 것으로 여겨진다. 일찍부터 후자의 성공 사례에는 유독 꾸밈말이 붙었다. 바로 "엄마표"다. 사교육의 비용을 엄마의 열정으로 대체하는 이야기들이 떠돈다. 엄마표 교육에는 면밀하게 아이를 관찰하고 아이의 관심과 재능을 살펴보다 아이가 지치지 않도록 다독이며 공부시키는 예리함과 끈기가 필요하다.

그렇다면 사교육을 선택한 가정은 그저 모든 걸 학원에 맡기는 걸까? 당연히 그렇지 않다. 영어학원에 조카를 보내고 있는 내 동생만 봐도 그렇다. 레벨테스트와 학습량을 점검하고 수시로 학원 선생님과 소통하며 신경을 쓴다.

최근 방송에서 고등학생 아이를 위해 공부하는 엄마를 봤다. 공부법을 가르치고 교과의 핵심 내용을 요약하고 영어 단어를 정리해 주는 그의 모습에서 진심이 느껴졌다. 그것은 아이에 대한 사랑이면서 자신을 증명해 내려는 노력이었다.

"이게 다 대치동 엄마들 때문이야."

아이들의 학습 노동과 너무 이른 시기부터 경쟁하는 현실이 안타깝다는 이야기를 지인들과 하고 있었다. 함께 대화의 열을 올리던 한 분이 불쑥 이렇게 얘기했다. 대치동 엄마들의 과한 욕심과 경쟁심 때문에 대한민국 아이들이 병들고 사교육 시장이 비정상적으로 팽창했다는 것이다.

교육제도와 관련 법률, 나아가 이 사회의 시스템까지, 교육 문제에 있어 살펴봐야 할 것은 많다. 그러나 평소에는 무관심하다가 문제가 심각해 보일 때면 쉽게 엄마들을 탓한다. 대학의 서열구조는 여전히 공고하며, 그에 따라 직장과 임금 등 삶의 여건이 달라지는 현실도 마찬가지다. 입시에 학창 시절의 모든 걸 갈아 넣는 교육과정과 성적 위주의 평가 체계는 또 어떤가. 그 때문에 학생과 학부모는 학교 교육만으로는 불안하다고 느낀다. 교육의 본래 목적마저 흐려졌다. 다양한 재능을 인정하고 역량을 키워 주기보다 단순한 점수 경쟁으로 학생들을 몰아넣는 악순환이 반복된다. 이런 상황에 대한 전반적인 이해 없이, 학부모들이 서로 경쟁하고 탓하는 분위기만 이어진다면 아무것도 변하지 않을 것이다.

사교육을 할 수밖에 없더라도

교육부와 통계청이 매년 발표하는 사교육비 지출 지표에서 학생 수는 줄어드는 반면, 사교육비는 점차 규모가 커지고 있다. 우리 집은 둘째가 사교육을 요구하는 시점이 마침 나의 수입이 좀 더 안정을 찾은 때였다. 남편의 외벌이로만 두 아이의 사교육비를 충당한다면 가계에 부담이 될 수밖에 없었을 것이다.

그런데 우리 사회의 사교육 열풍을 비용과 숫자로만 설명하는 게 가능할까? 통계청 자료는 초중고 시절의 사교육만 포함하지만 이미 유아기부터 시작되고 있지 않은가. '5세고시', '7세

고시'라는 말처럼 생의 너무 이른 시기부터 아이들이 사교육에 노출되는 것은 심각한 문제다.

사교육 참여율은 최고, 지출은 증가 추세지만 아이들의 행복지수는 처참하다. 국제아동권리 NGO 세이브더칠드런이 2021년 개최한 '한국 아동 삶의 질에 대한 국제 심포지엄'에 따르면 한국 만 10세 아동의 행복도는 조사국 35개국 중 31위에 머물렀다. 아동복지 기관 초록우산이 발표한 '2024 아동행복지수'에서도 100점 만점에 45.3점에 불과했다.

얼마 전에는 큰아이가 '대치동과 우울증: 대치키즈가 우울한 어른이 되어'라는 유튜브 영상 이야기를 꺼냈다. 큰아이는 "대치동 키즈가 아닌 게 얼마나 다행이야"라고 말했다. 영상을 찾아보니, 힘들었던 청소년 시절을 회상하는 이야기에 공감하며 위로하는 댓글이 많았다. 학교와 학원에서 지나친 경쟁으로 스트레스 받은 일도 힘들었지만, 모든 걸 성적으로 평가하는 부모로 인해 더 고통스러웠다는 이야기들이었다.

한국사회 우울과 불행의 원인을 경쟁 체제에서 찾는 김누리 교수는 저서 《경쟁 교육은 야만이다》에서 독일의 사회학자 아도르노의 말을 인용해 "경쟁 교육은 야만"이라고 비판한다. 교육 공간에서 학생들에게 서열을 매기고 서로가 서로를 경쟁자로 인식하는 현실이 비인간적이라는 것이다. 그는 책에서 한국의 청년 대다수가 학창 시절을 "전쟁터"로 떠올리는 반면, 일본 학생들은 "함께하는 광장"이라고 대답한 점을 이야기한다. 독일 출신 방송인 다니엘 린데만은 "하루하루가 파티와 같았다"고 회고했다니, 김누리 교수의 말처럼 "교육혁명"이 필요함을 절실히 느낀다. 동시에, 당장 이 현실을 바꿀 수는 없다는 실제적인 타격감도 온다.

수학학원 테스트에서 최하점을 받았다고 둘째가 풀이 죽어 왔다. 그러더니 "학원에 먼저 다니고 있던 친구들보다는 못했지만 옛날의 나보다는 잘한 거야"라며 스스로 힘을 낸다. 나는 선행이 기본 값인 학원을 계속 다니는 것이 맞나 고민하며 아이에게 다른 길도 있다고, 조금은 천천히 가도 된다고 말해 준다.

아이가 끌려 가지 않고 자기 속도로 나아갈 수 있도록 곁에서 돕는 게 나의 역할이라고 믿는다. 그리고 이런 믿음이 흔들릴 때마다 도움받았던 책들에 한 번 더 기댄다. 박혜란의 《믿는 만큼 자라는 아이들》, 요한 크리스토프 아놀드의 《아이들의 이름은 오늘입니다》, 계간 교육잡지 《민들레: 스스로 서서 서로를 살리는 교육》 같은 책들에.

학원부터 과외수업까지 사교육을 경험하니, 뒤따르는 질문과 고민도 많아진다. 나 자신은 수업료가 아깝지 않은 선생님을 만나기를 바라면서, 아이들이 수업을 돈을 주고 사는 상품으로 여기지는 않았으면 한다. 이렇게 모순된 감정을 갖고 이 시간을 관통하고 있는데, 아이들이 대학에 입학하기만 하면 사교육 걱정이 정말 사라지는 걸까?

유치원생일 때부터 사교육을 적극적으로 이용했던 학생이 대학교 입학 이후 동아리 활동을 위한 학원에 다니기 시작하면서 활기를 되찾은 사례 연구[18]를 읽었다. 스스로 알아서 해야 하고 쪽집게 선생도 없는 대학 공부에 흥미를 못 느꼈다는 그 학생은 대학생활에 적응하기 위해 학원을 선택했다고 한다. 자기 주도적인 환경에 오히려 더 적응하기 어려워하는 이야기가 과연 한 사람에게만 해당할까?

언젠가는 입시와 경쟁이 아닌, 아이들의 다양성과 가능성을 존중하는 교육이 자리 잡기를 바란다. 그때까지 나는 아이의 속도에 발맞추며, 때로는 현실과 협상하고 때로는 갈등하면서 함께 걸어가는 부모이고 싶다.

---

18   남유진, 〈사교육 쇼핑에 익숙한 아이는 어떤 대학생이 되었나〉, 《민들레》, 2025년 봄호.

성장 중인 아이와 살면서 다이어트를 해도 될까

랄라

다이어트를 하겠다고 결심했지만 한창 성장 중인 아이가 "그럼 나도 안 먹을래!"라고 말할까 봐 걱정이다.

하루는 아이가 내게 물었다.

"엄마는 내가 마른 게 좋아,

통통한 게 좋아, 뚱뚱한 게 좋아?"

당황했지만 어떤 몸이라도 좋다고,

진심을 담아 대답해 주었다.

건강을 위한 습관을 기를 필요가 있다는 생각이 들어 다이어트를 시작했다. 그런데 지인들에게 알리자 모두들 입을 모아 말했다.

"지금도 날씬한데 다이어트를 왜 해요?"

다이어트diet는 식단, 식이요법을 뜻하는 단어지만 우리나라에서는 대체로 '살을 뺀다'는 의미로 쓰인다. 마르고 날씬한 몸에 대한 욕망이 너무 커서 다이어트라고 하면 건강이 아니라 외모를 먼저 떠올리는 것 같다.

채식 위주로 식단을 관리하던 나도 얼마나 살이 빠졌나를 점검하고, 오랜만에 만나는 사람이 있으면 반응을 기대하게 됐다. 그래서 스스로 약속한 게 하나 있는데, 다이어트 중이라고 먼저 이야기하지 않고 내 몸에 대한 사람들의 평가를 기대하거나 그것에 연연하지 않겠다는 것이다. 식습관, 생활습관을 바꾸기 위한 나의 선언이 몸무게 변화에 치중되지 않으려면 꾸준한 경계가 필요하다.

엄마의 다이어트

스스로 다이어트에 대한 기준을 세웠지만, 한창 자라고 있는 어린이와 함께 살면서 다이어트를 한다는 것이 쉽지 않았다. 나는 소량만 먹어도 되지만 어린이는 성장을 위해 일정 정도 이상을 섭취해야 한다. 가장 걱정되는 지점은 아이에게 몸에 대한 잘못된 인식을 심어 줄 수도 있다는 점이었다.

요즘 10대들이 뼈가 보일 정도로 마른 사람을 동경하며, 그들 사이에서 '뼈말라'라는 말이 유행이라는 기사를 봤다. 마른 몸에 대한 집착으로 물만 먹는 극단적인 다이어트를 하거나 불법 다이어트 보조제 등을 섭취하며 살을 뺀다는 것이다. 극단적인 다이어트는 섭식장애 등과 같이 몸에 무리를 줄 뿐만 아니라 정서적으로도 영향을 주기 때문에 사회적으로 큰 문제가 되고 있다.

나는 엄마가 다이어트를 한다는 사실이 자칫 마른 몸에 대한 아이의 동경을 강화할까 봐 두려웠다. 그리고 아이가 엄마가 안 먹으면 나도 안 먹는다고 응수할까 봐 걱정이 앞섰다. 전에 고기를 먹지 않기로 다짐했을 때, 남편이 나에게 가장 먼저 한 말도 아이 앞에서 고기 안 먹는다는 말을 하지 말라는 것이었다. 아이가 내 영향을 받을까 봐 걱정한 것이다. 나는 남편의 말에 수긍했고, 그래서 집에서 가족과 함께 밥을 먹을 때 고기를 안 먹는 일이 너무 어렵게 돼 버렸다. 하지만 이번만큼은 건강하게 살기 위한 노력을 포기하고 싶지 않았다. 아이에게 제대로 된 설명이 필요했다.

아이에게 살을 빼기 위해서가 아니라 건강해지기 위해서 다이어트를 하는 것이라고, 안 먹는 다이어트가 아니라 잘 먹는 다이어트를 할 것이라고 차근히 알려 주었다. 우려대로 아이는

"엄마가 조금 먹으면 나도 조금 먹을 거야" 하고 으름장을 놓았다. "나도 살 뺄 거야"라고 말하기도 했다. 그렇지만 오래가진 않았다. 평소에 어떤 음식을 어떻게 먹는 것이 좋은지, 먹는 문제가 왜 중요한지 이야기를 나눠 왔던 덕이 컸다.

단지 날씬한 몸을 위해 다이어트를 하는 것이었다면 나도 아이 앞에서 떳떳할 수는 없었을 것이다. 극단적으로 식사량을 줄이는 것이 아니라 채소 위주의 식단으로 음식의 종류를 바꾸어 나갔고 자연스레 아이와 식단도 공유하면서 건강한 식탁을 함께 즐겼다. 평소 워낙 먹는 걸 좋아하는 아이는 자신의 식사에 다시 집중했다.

그렇게 다이어트는 나와의 약속이자 아이 앞에서 이루어진 선언이 되었다. 운동도 시작했다. 운동은 주로 아침에 한다. 아이 혼자 집에 둘 순 없으니 남편과 아이가 일어나기 전에 밖으로 나간다. 혼자만 조용히 맞이하는 아침 시간이 얼마나 상쾌한지. 몸을 움직이는 고단함보다는 그 시간의 소중함이 더 커서 자연스레 눈을 뜨게 된다.

얼마 전에 아이가 친구와 대화를 하다가 말했다. "아침에 눈을 뜨면 엄마가 없어. 달리기하러 가니까." 그러자 아이의 친구가 "우리 엄마돈데!" 하고 말했다. 그 순간 느꼈던 반가움의 쾌감이 오래 기억에 남았다. 또한 아이가 엄마 없이 눈뜨는 아침을 불만스러워하지 않고 엄마의 달리기 시간을 오롯이 받아들였다는 느낌도 들었다.

'건강한 몸 만들기'와 '건강하게 살기'의 차이

인류는 근대에 이르러서야 몸을 인식하게 되었다고 한다.[19] 그 전에는 정신의 하부구조 정도로 여겼던 몸을 하나의 독립된 개체로 인식하기 시작한 것이다. 동시에 인류는 몸을 목적을 이루기 위한 도구로 삼기 시작했다고 한다. 몸을 나의 일부가 아니라 관리하고 이용하는 대상으로 여기게 된 것이다.

몸이 자본이 되고 능력이 되는 세상에서 '건강한 몸'이라는 환상조차 몸을 도구로 삼은 결과일 가능성이 크다. '건강한 몸 만들기'와 '건강하게 살기' 사이에는 차이가 있다. 몸을 만든다는 것은 몸과 나를 분리해서 인식함을 전제하고 있다. 건강하게 살아가는 것은 내가 곧 몸이라는 인식을 바탕으로 한다.

안타깝게도 몸에 대한 그릇된 인식은 가족을 통해 전파되는 경우가 많다. 몸에 대한 감각을 처음, 그리고 가장 밀접하게 익히는 곳이 가정이기 때문이다. 나는 중학교 3학년 때 쌍꺼풀 수술을 했는데, 지금 생각해 봐도 그 이유가 황당하다. 식당에서 밥을 먹고 있는데 엄마가 우리 옆자리에 앉은 어떤 언니랑 나

---

19   팟캐스트 〈정희진의 공부〉, 2024년 3월 방송분 참고.

를 번갈아 보더니 내 눈이 너무 작다고 했다. 얼마 지나지 않아 나는 수술대 위에 누웠다. 엄마가 내 눈이 아니라 내 존재 자체를 부정하는 말을 했다면 그렇게 쉽게 엄마 뜻을 따르지는 않았을 것이다. 너무 어렸을 때부터 몸을 도구로 삼는 일에 익숙해져 있었기에 나 또한 쌍꺼풀 수술은 내가 아니라 내 눈이 받는 것일 뿐이라고 생각했다. 그렇다면 내가 곧 몸이라는 인식은 어떻게 생기는 걸까. 정신분석가 수지 오바크의 말이 힌트가 된다.

> 몸을 당연한 것이자 즐거운 것으로 여길 수 있어야 한다. 몸에 새로운 육체성을 부여함으로써 몸을 달성해야 할 열망이 아니라 우리가 깃들어 사는 장소로 바꿔야 한다. 우리에게 충분히 안정된 몸이 필요하다. 그런 몸은 행복과 모험의 순간을 경험하게 해 줄 것이다.
> -수지 오바크, 《몸에 갇힌 사람들》에서

오랜만에, 혹은 처음 만나는 사람들조차 "더 예뻐졌네" 혹은 "예쁘게 생겼네"라는 외모 평가를 칭찬처럼 곁들이는 사회다. "살이 쪘다" 혹은 "말랐다"는 평가도 빠지지 않는다. 그렇게 우리는 어릴 때부터 대상화한 몸으로 산다.

하루는 아이가 내게 물었다.

"엄마는 내가 마른 게 좋아, 통통한 게 좋아, 아니면 뚱뚱한 게 좋아?"

당황했지만 어떤 몸이라도 좋다고, 원론적이지만 진심을 담아 대답해 주었다. 양육자들 모두 같은 마음이 아닐까. 아이가 몸을 통해 행복과 모험의 순간을 경험하기를 바라는 마음도 마찬가지일 것이다. 그 마음으로 모두를 대한다면 좋겠다. 그래서 어떤 몸도 다 존중받으면 좋겠다.

부모가 아이의 미래를 대비할 수 있을까

아이린
아이가 만 6세일 때 말레이시아로 이주했다.
아이의 교육 때문만은 아니었지만 시간이
지날수록 아이가 스스로 배우고 선택할 수 있는
환경에 있다는 사실을 실감하고 있다.

'어느 나라의 어떤 전공이 나와 가장 잘 맞을까?'

말레이시아 학생들은 스스로에게 이렇게 질문한다.

같은 학교, 같은 반 친구도

경쟁자가 되는 한국사회에서 자란 내게는

이 질문이 이상하리만큼 놀라웠다.

나는 아이에게 공부보다는 행복한 삶이 중요하다고 말하며 그 말에 맞게 아이를 키우려고 노력해 왔다. 말레이시아로 이주하기 전, 아이가 만 4세일 무렵 주변에서는 이제 한글 공부를 시켜야 하지 않냐며 걱정했지만 귀 담아 듣지 않았다. 아이마다 발달 시기가 다르다는 걸 알고 있었고, 두뇌 발달에는 가만히 앉아서 하는 공부보다 다양한 활동이 도움이 된다는 연구 결과들을 제법 읽은 터였다. 그래도 꾸준히 실천한 것이 하나 있다면, 매일 아이에게 책을 읽어 주고 도서관에 자주 간 것이다. 나 역시 아이 곁에서 책을 읽을 수 있어 좋았고, 아이도 그 시절을 즐거운 기억으로 간직하고 있다.

한글 교육을 따로 하지 않았지만 아이는 만 5세 무렵부터 길을 걸으며 간판을 읽기 시작했고 놀이처럼 글자를 익혔다. 그때부터는 함께 책 읽는 일이 더욱 즐거워졌다. 아이는 책에 있는 글자들을 알아 가는 재미와 책의 이야기를 이해하는 재미에 자연스럽게 스며들었다. 그런 시간을 1년 더 보낸 뒤 우리 가족은 말레이시아로 이주했다.

국경 없는 선택

말레이시아 지인이 이런 말을 한 적이 있다.

"친구랑 같은 대학, 같은 과를 지원했다면 정말 운이 좋은 거예요."

처음엔 무슨 말인가 싶었다. 같은 반에 같은 학과로 진학하기를 희망하는 친구가 있다는 게 왜 운이 좋다는 말인가. 그런데 이곳에 오래 살다 보니 그 말이 이해됐다. 말레이시아에서는 대학 진학을 고민할 때 어느 나라로 갈지부터 정한다. 세계 대학 순위와 대학의 교육 환경을 살펴본 다음, 전공의 적합성과 졸업 후 커리어로 이어질 가능성을 두루 검토한다. 말레이시아 교육부 통계에 따르면 해외 대학으로 직접 진학하는 학생은 전체 고등학생 중 12~15퍼센트에 이른다. 하지만 실제로는 훨씬 더 많은 학생들이 말레이시아 내 대학에서 일정 기간 공부한 후, 해외 대학으로 학위를 이어받는 방식으로 진학하고 있다. 이는 트위닝 프로그램Twinning Program이라는 독특한 교육 시스템 덕분이다. 주로 '2+1' 혹은 '1+2' 형태로 운영되며, 말레이시아 대학에서 1~2년간 수학한 뒤, 영국, 호주, 캐나다, 뉴질랜드에 있는 제휴 학교로 전학해 학위를 취득하는 방식이다. 이처럼 트위닝 프로그램을 통한 간접 유학과 함께 미국이나 유럽, 일본, 중국 등 다양한 국가로 개별 유학을 가는 학생들이 따로 있는 것이다.

진학을 앞둔 학생들은 무엇을 전공할지에 따라 목적지를 좁혀 간다. 예를 들어, AI나 엔지니어링을 공부하고 싶다면 호주나 미국으로 향한다. 경영에 관심이 있다면 영국이나 싱가포르의 대학을 알아본다. 디자인이나 예술 분야 지망생들은 영국이나 프랑스를 선호하는 경향이 있다.

'어느 나라의 어떤 전공이 나와 가장 잘 맞을까?'

말레이시아 학생들은 진학 전 스스로에게 이렇게 질문한다.

같은 학교, 같은 반 친구도 경쟁자가 되는 한국사회에서 자란 내게는 이 질문이 이상하리만큼 놀라웠다. 우리나라에서는 서울에 있는 대학을 최고로 여기며 옆 자리 친구를 경쟁자로 인식하지 않는가. 말레이시아에 와서야 나 또한 틀에 박힌 생각을 하고 있었다는 사실을 실감했다.

우리나라의 경쟁적인 교육 환경은 급속한 경제 성장기에는 매우 효과적이었을 것이다. 표준화된 교육과정과 그를 통해 얻을 수 있는 일정한 성취는 단기간에 고학력 인재들을 대량으로 배출하는 결과를 낳았고 이는 산업화에 크게 기여했다. 전 세계적으로도 이런 성취는 놀라운 것이었고, 중국, 베트남, 인도네시아, 필리핀, 아랍에미리트 등 여러 나라들이 우리나라의 교육 시스템을 벤치마킹하기도 했다. 여기에 더해 1997년 IMF 외환위기는 특정 직업으로의 쏠림현상을 낳았다. IMF 이후 안정적인 직업이 선호되면서 의료인이나 법조인 같은 전문직으로 진로 경향이 기울어졌고, 창의적 사고보다는 암기 위주의 입시교육이 강화됐다. 의대나 법대가 인기 학과가 된 이유에는 높은 소득과 직업 안정성, 사회적 지위와 권력 중심의 사회구조가 한몫했다. 그러는 사이 과학과 공학에 대한 전망은 상대적으로 낮은 수준에 머물렀다.

최근 몇 년 사이 세계 대학 순위의 공학기술 분야에는 중국의 칭화대학교 Tsinghua University, 베이징대학교 Peking University, 저장대학교 Zhejiang University, 상하이자오퉁대학교 Shanghai Jiao Tong University 등이 상위권에 다수 진입해 있다. 이 대학 출신들이 AI, 반도체, 로봇, 에너지 등 미래산업을 선도하는 핵심 분야에서 글로벌 리더로 빠르게 부상하고 있다. 중국 대학들이 공학기술 분야에서 급부상한 데는 명확한 이유가 있다. 정부 차원에서 미래 전략 산업에 막대한 예산을 투입하고, 그 분야의 우수 인재를 집중 육성하는 정책을 펼쳤던 것이다. 국가가 교육 방향 자체를 미래산업 중심으로 틀어 버렸다고 말해도 과언이 아니다.

반면, 우리나라에서는 명문대 중심의 입시경쟁이 여전하다. 미래산업의 주역이 될 수 있는 분야로의 진출은 뒷전인 듯 보인다. 우수한 학생들이 기술보다 법조인이나 의사와 같은 안정적인 직업을 택하는 것도 이와 무관하지 않다. 사회가 요구하는 인재상이 변하고 있음에도, 교육 시스템은 여전히 과거의 프레임에 머물러 있다는 인상을 지울 수 없다. 지금 한국의 아이들에게 '나는 어디에 무엇을 공부하러 가고 싶은가'라는 질문을 스스로

던질 수 있는 기회가 주어지는가.

미네르바대학, 그리고 정답을 강요 않는 교육법

미네르바대학을 다룬 다큐멘터리를 보고 '다시 대학에 가고 싶다'는 생각을 한 적이 있다. 실제로 입학 과정까지 찾아보았지만 현실적인 제약으로 포기했었다. 그래도 내가 진심으로 원하는 교육이 어떤 것인지를 처음 자각하는 계기가 됐다.

최근에는 우리 집 아이를 위해 다시 이 학교를 들여다보게 됐다. 미네르바는 캠퍼스 없이 전 세계 7개 도시(샌프란시스코, 베를린, 서울, 부에노스아이레스 등)를 돌며 각 지역의 실제 문제를 프로젝트로 해결하는 학습을 진행한다. 전공은 처음부터 고정하지 않고, 4년 내내 자신의 방향을 조율하며 배워 나간다. SAT(미국대학입학시험) 점수가 아닌 사고력, 리더십, 창의적 문제해결력을 바탕으로 학생을 선발하며, AI 기반의 수업 피드백으로 학생 각자의 성장 곡선을 기록하고 평가한다.

미네르바대학의 교육 시스템과 학생 선발 과정을 보며 또 한 번 확인했다. 정답이 없는 상황에 대응하는 힘과 문제에 직면했을 때 스스로 판단하고 해결책을 모색하는 능력이 중요하다는 것을 말이다.

우리 집 아이가 살아갈 미래를 나는 알 수 없다. 내 어린 시절에 없던 스마트폰이 지금의 삶을 바꿔 놓았듯, 오늘날 AI는 더 빠른 속도로 세상을 변화시키고 있다. 10년 전 대학원에서 창업학을 전공하면서 내가 얻은 결론도 같았다. 미래는 예측할 수 없다는 것. 우리는 미래를 확신할 수도, 우리 아이들이 어떤 직업을 갖고, 어떤 공부를 해야 하는지 결정할 수도 없다. 그렇기 때문에 아이 스스로 사고하고 탐색하며 자신에게 맞는 진학과 진로를 선택할 수 있도록 돕는 것이 중요하다.

미래가 불확실하다고 해서 모든 교육이 무의미하다고는 생각하지 않는다. 시대를 초월해 필요한 기본 소양들은 분명히 있다. 읽기·쓰기·수리능력·논리적 사고력과 같은 기초 학습 능력, 새로운 것을 배우는 방법을 인지하는 메타학습 능력, 정보를 선별하고 활용하는 능력, 창의적 문제해결력과 같은 변화 대응 능력도 있다. 여기에 공감과 소통 능력, 윤리적 판단력, 복합적이고 맥락적인 사고력까지 더해진다. 그런데 부모가 아이에게 이 모든 것을 가르쳐 줄 수 있을까. 그건 불가능에 가깝다. 그래서 나는 '아이에게 무엇을 더 가르칠 것인가'라는 질문이 들 때면 이 질문을 '어떻게 배우는 능력을 길러 줄 것인가'로 바꿔 생각한다.

이런 측면에서 관심을 두게 된 해외의 교육 시스템이 또 있다. 그중 하나인 핀란드의 현상기반 학습Phenomenon-Based Learning은 교과목을 분리하지 않고 하나의 현상이나 주제를 중심으로

통합적인 학습을 함으로써 복합적 사고력과 문제해결력을 기른다. 예를 들어, '기후 변화'라는 주제 아래 과학, 지리, 윤리, 경제 등을 함께 다루고 '이민'이라는 현상을 통해 역사와 사회, 언어를 연결지어 배운다. 현상기반 학습은 국제적으로 인정받는 교육법이다.

덴마크의 협력학습과 토론 문화는 어릴 때부터 자신의 의견을 표현하고 다른 사람의 의견을 경청하는 훈련을 통해 소통능력과 비판적 사고력을 키워 준다. 몇 년 전 다큐멘터리에서 본 덴마크의 '인생학교'도 인상적이었다. 1년간 학업을 쉬고 '인생학교'에 가서 인생을 고민하는 청소년들의 이야기가 정말 감동적이었다.

우리 아이가 선택한 IB International Baccalaureate 프로그램은 '우리는 왜 이렇게 생각하는가, 또 다른 관점에서는 어떻게 볼 수 있는가'를 질문하며 비판적 사고력과 글로벌 마인드셋을 함께 기른다. 예를 들어, 역사 시간에 역사적 지식을 외우는 것이 아니라 '이 사건을 다루는 관점에는 무엇이 있으며, 왜 그렇게 다양하게 해석될 수 있는가'를 질문한다. 또한 여러 나라의 문화와 사회적 맥락을 이해하며 다른 사회를 존중하는 태도를 배운다.

우리가 모르는 건 결과이고 결론이다. 이 사회가 어떤 모습이 될지, 결과적으로 어떻게 안정적인 삶을 살 수 있을지 알 수 없다. 그렇지만 현재 아이가 무엇을 할 때 행복해하는지, 무엇을 이뤘을 때 만족스러워하는지는 알 수 있다. 또한 언제고 누구의 인생에나 문제가 발생할 수 있다는 사실도. 그렇기에 나는 아이가 스스로 생각하고 결정하도록 계기를 마련해 주려 애쓴다.

글로 생각을 전하는 아이

아이가 어떤 잘못을 했는데 나에게 동의하지 않는다면, 그래서 언쟁으로 이어졌다면 나는 그 상황을 글쓰기의 기회로 바꿔 본다. 이런 식으로 아이가 쓴 글이 꽤 많다. 취미활동에 집중하느라 학습을 소홀히 해서 나와 갈등이 있었을 땐 "이건 내 취미일 뿐"이라며 항변하다가 '학습과 취미의 차이'에 대한 자신의 생각을 정리해 글로 풀었다. 정리정돈의 필요성을 강조하는 내게 "꼭 그래야 해?"라고 반문하다가는 '정리정돈이 꼭 필요하지 않다'는 입장을 조목조목 풀어낸 글을 썼다. 그 글에서 아이는 자신의 책상은 늘 어지럽고 계획도 세우지 않는 생활패턴이지만, 그런 환경이 오히려 창의성과 자유로운 사고에 도움이 될 수 있다고 주장했다. 아인슈타인과 스티브 잡스의 사례를 인용하고, 창의적인 직업일수록 정돈보다 유연한 사고가 더 중요하다는 자신의 생각을 전달했다. 하지만 정리정돈만으로 해결되지 않는 문제가 이어졌다. 교복이 제대로 준비되지 않아 아침마다 허둥지둥하는 일이 반복된 것이다. 결국 아이와 나는 이 문제를 정리가 아니라 준비성이라는 새로운 주제로 바라보기로 했다. 그런 뒤에야 우리는 마침내 "정리 안 한 건 그냥 방이 지저분해진 걸로 끝나지만, 준비 안 된 건 중요한 약속이나 책임을 어기는 결과로 이어질 수 있다"는 결론에 도달할 수 있었다.

잔소리나 감정 싸움으로는 절대 얻을 수 없는 납득과 주도적인 변화가 시작됐다. 우리는 그렇게 정답을 유보한 상태로 서로의 입장을 주고받으며 함께 사고의 폭을 넓혀 가는 경험을 만들었다.

이런 방식은 핀란드의 현상기반 학습법을 참고해 마련한 내 나름의 실천방식으로, 일상의 경험을 배움의 기회로 바꾸고 통합적 사고력을 키우기 위한 시도였다. 어떤 과정이든 아이에게 생각할 수 있는 기회가 주어진다면 분명 도움이 된다고 믿는다.

불안을 넘어 가능성으로

앞서 소개한 해외의 교육방식들은 이미 많은 부모들이 알고 있다. 그럼에도 과정보다는 정답을 먼저 말하는 경쟁이 여전한 것은 부모의 불안 때문이리라 짐작된다. 혼란과 불안은 과거 산업화 시대에 효과적이었던 교육방식에서 벗어나 새로운 방향을 찾아가는 과정에서 일어나는 동시대 한국 부모들의 자연스러운 반응이다. 그렇지만 안정은 불안을 야기하고, 도전은 가능성을 가져온다. 아이를 온실 속 화초처럼 기르면 오히려 아이의 미래는 더 불안한 상태에 놓이게 된다.

나는 여전히 확신할 수 없다, 내가 선택한 길이 정답인지, 아이에게 정말 도움이 될지. 하지만 몇 가지는 분명하다. 미래를 알 수 없다고 해서 두려워할 필요는 없다는 것, 그리고 아이는 어떤 상황에서도 해낼 힘을 가지고 있다는 것, 어떤 직업을 가질지보다 어떤 능력을 지닐 것인지가 더 중요하다는 것.

혹시 이 글을 읽고 해외 교육을 고려하게 된다면, 그것도 좋은 선택일 수 있다. 하지만 그것이 이 글의 핵심은 아니다. 힘주어 강조하고 싶은 한 가지는 어디에 있든 아이가 스스로 생각하고 선택할 수 있는 기회를 주자는 것이다. 한국과 말레이시아에서 아이를 키우며 내가 얻은 건 '이렇게도 가능하다'라는 여유와 열린 시선이다.

결혼식을 꼭 해야 할까

김수현

아이와 함께 결혼식에 하객으로 갔다가 마음이 불편해지는 순간들을 경험하곤 한다. 결혼이나 결혼식 자체보다 정말 좋아하는 사람을 만나 함께 잘 사는 것의 문제를 먼저 고민할 필요가 있음을 깨닫는다.

"신랑 입가에 미소가 끊이지 않게

최고의 애교를 보여 주겠습니다!"

"아내가 아침밥을 차려 주지 않더라도

불평 없이 일하러 가겠습니다!"

신부 신랑이 말했을 때 아이는

혀를 삐죽 내밀더니 더는 웃지 않았다.

스위스에 사는 동생이 다녀가고 나니 아이가 며칠째 결혼식 이야기를 한다.

"엄마, 이모가 친구 결혼식 영상을 보여 줬어. 10년 동안 같이 살다가 이번에 결혼식을 했대. 결혼식 시작할 때 신랑이 지금까지 둘 사이에 있었던 일을 편지로 써서 읽는데, 멕시코 말이라 알아듣진 못했어. 그런데 신부가 들으면서 엉엉 울더라. 나도 괜히 찡했어. 그러고는 둘이 춤을 췄어. 성전 같은 곳을 빙글빙글 돌면서. 디제이까지 불러서 새벽까지 춤추고 놀았대."

또 다른 결혼식 이야기도 이어졌다.

"프랑스 사람인 친구는 시청에서 결혼했대. 시청에서 각자 증인을 불러서. 누구의 손녀이자 딸인 누구누구, 하면서 가족 이력을 쭉 읊고 나서 법적인 말로 결혼 약속을 한대. 인도 친구는 3박 4일 동안 파티를 했대. 매일 옷도 바꾸고 며칠 동안 춤추면서 맛있는 음식도 계속 나눠 먹고. 결혼식 하면서 시어머니 생일잔치도 같이 했대. 신기하지."

나를 따라 결혼식에 참석할 때마다 웨딩드레스를 꼭 입어야 하는 거냐, 왜 결혼식은 다 비슷하냐, 왜 애들보고 계속 조용히 하라고만 하냐, 불평을 늘어놓더니 이모 이야기를 듣고 귀가 번쩍 뜨였나 보다. 나는 일단 "요즘은 우리나라 결혼식도 춤추고 맛있는 것도 먹잖아" 하고 답했다. 신랑 신부가 커플 댄스로 입장했던 내 친구의 결혼식에 같이 갔다 온 것이 떠올라서다. 하객들도 자리에서 일어나 같이 덩실덩실 춤을 추었다. 주례 없이 신랑 신부가 직접 혼인서약서를 읽기도 했다. 주례자 앞에서 꼼짝 않고 서 있다 서약할 때 고개 한 번 끄덕이는 것이 내 역할의 전부였던 나의 결혼식에 비하면 결혼식 풍경이 달라지긴 달라졌다.

결혼식보다 먼저인 것

그런데 한편으론 결혼식 모습이 변한 만큼 결혼관계의 의미도 바뀌었는지 의문이 들기도 했다. 친구의 혼인서약서를 듣다가 아이와 눈이 딱 마주친 순간이 있었다. 신부가 "신랑 입가에 미소가 끊이지 않게 최고의 애교를 보여 주겠습니다!" 하고 말했을 때였다. 손뼉을 치고 웃는 하객들 사이에서 아이와 나만이 웃지 않는 사람들이었다. "아내가 아침밥을 차려 주지 않더라도 불평 없이 일하러 가겠습니다!"라고 신랑이 말했을 때도 아이는 어깨를 으쓱하며 혀를 삐죽 내밀더니 식이 끝날 때까지 더 이상 웃지 않았다.

아이는 납득이 안 되는 개그에 함부로 웃지 않고, "뀨잉 뀨잉 볼하트"같이 요즘 유행하는 '애교' 몸짓도 절대 하지 않는 성향이다. 집으로 돌아오는 차 안에서 아이는 결혼식은 보통 저렇게 하는 거냐고 지친 얼굴로 거듭 물었다. 그런데 최근에 동생이 왔다 가고 나서는 질문이 바뀌었다. 결혼식을 꼭 해야 하는 거냐는 질문으로.

"이모 친구 중에는 결혼식 안 하는 친구가 제일 많대. 그냥 좋아하는 사람끼리 같이 산대. 고양이도 키우고. 나는 그게 제일 마음에 들어!"

나도 아이가 커서 결혼 같은 사회적 계약에 묶이지 않을 수도 있겠다는 생각을 해 본 적이 있다. 그래도 이왕 누군가와 같이 산다면 간소하게라도 결혼식을 할 거라고 여겼었나 보다. 그래서 아이의 말을 듣고 결혼식의 시기와 방법, 혹은 할지 말지 여부도 오로지 선택의 영역이란 것에 대해 깨닫게 되었다. 정말 좋아하는 사람을 만나고, 같이 살기로 합의하고, 실제로 잘 사는 것. 그게 결혼식보다 먼저라는 것을.

아이가 결혼식 이야기에 열을 올릴 때, 동생이 들려준 이야기가 있다. 동생이 프랑스어 선생님(스위스 사람) 생일파티에 초대받아 갔던 이야기다. 파티엔 선생님의 세 자녀와 그들과 동거 중인 연인들이 모두 참석했다고 한다. 그런데 파티에 참석한 사람 중 누구도 동거하는 자녀의 앞날을 걱정하는 말이나 언제 결혼할 거냐는 질문을 하지 않았다고 한다. 그런 질문을 하면 아주 무례하고 이상했을 거라면서.

한국에서 덕담처럼 하는 질문이 다른 나라에서는 하면 안 될 질문이 된다는 것. 이는 사람이 어떻게 살아갈지를 결정하는 기준은 절대적이지 않다는 뜻이다. 사회와 가족의 영향력에서 벗어나 어떻게 살아갈지, 누구와 살아갈지 스스로 결정하는 것은 인간으로서 존엄성을 지키는 데 아주 깊은 영향을 미친다. 누구도, 심지어 부모조차도 자식이 스스로 생각해 내린 결정을 제멋대로 휘두를 순 없다. 아이에게는 누구의 시선도 신경 쓰지 않고 삶의 방식을 결정할 권리가 있다.

네 삶은 네가 결정할 수 있어

동거에 대해 떠올리다 보니 관계의 단계가 좀 더 세밀하게 나뉘어야 하겠다는 생각이 들었다. 누군가를 사귀다가 때가 되면 결혼하는 것이 아니라, 원가정을 떠나 1인가구를 꾸려 보면서 어떻게 살고 싶은지 치열하게 고민하는 시간이 반드시 필요하다. 혼자만의 시간이 중요한 사람인지, 다른 사람과 연대감을 느끼는 게 중요한 사람인지 머릿속으로만 생각해 보는 건 충분하지 않다.

    동생은 퇴근해서 집에 들어갔을 때 모든 물건이 자신이 둔 자리에 있는 것, 어떤 소음도 없이 조용한 것이 너무 좋아서 혼자 살기로 결정했다고 했다. 그러자 아이는 혼자 자는 것, 어두운 것이 무서워서 누군가와 같이 살고 싶다고 했다. 나는 아이의 말을 들으면서 혼자 있기 무서운 밤, 방의 불을 켜고 함께 이런저런 이야기를 나눌 수 있는 안전한 사람을 만날 수 있다면 그 또한 얼마나 기쁜 일일까 생각했다.

동생은 아이에게 정말 좋아하고 같이 시간을 오래 보내고 싶은 사람을 만난다면 덥석 결혼하기보다 먼저 그 사람과 생활을 꾸려 보라고 조언했다. 그 사람이 안전한 사람인지, 같이 있을 때 평안한지 네 마음을 자세히 들여다보라고. 누군가와 같이 살아 보지도 않고 어떻게 자신이 선호하는 삶의 방식을 결정할 수 있겠냐고.

그때 가만히 듣고 있던 남편이 끼어들어 자기는 결혼식도 없이 그냥 같이 살기만 하는 건 별로라고, 언제든 헤어질 수 있는 책임감 없는 관계 같다고 한마디 보탰다. 내가 뭐라 답해야 할지 몰라 어물거릴 때 아이가 빛나는 한마디를 건넸다.

"나는 결혼식 했다고 상대방이 싫은데도 안 헤어지고 사는 게 더 이상한데."

나는 아이가 혼자 살아 보기도 하고, 누군가와 함께 살아 보기도 하면서 본인에게 가장 맞는 생활방식을 선택하기를 바란다. 그러기 위해선 한국에서 동거와 결혼이 동등한 무게로 존재해야 할 것이다. 프랑스의 팍스제도[20]처럼 한국에서도 법적으로 동거

20 PACS(Pacte Civil de Solidarité). 프랑스의 시민연대 협약이자 두 성인 간의 법적 파트너십. 결혼과 거의 동등한 법적 보호를 받지만, 계약을 체결하고 해지할 땐 결혼보다 법적 행정적 절차가 훨씬 간단하고 비용도 저렴하다.

관계가 보호될 수 있어야 할 것이다. 배우자가 말한 '책임감 없는 관계'에는 법적으로 보장받지 못하는 관계라는 의미가 들어 있다. 아이가 어떤 성별, 나이, 국적을 가진 사람과 함께 살고 싶어 할지 지금은 알 수 없지만, 서로를 돌보고 부양한다면 가족이라고 인정받을 수 있어야 할 것이다.[21]

며칠 전, 아이에게 특정 형태를 갖춰야 성립되는 '명사로서의 가족'이 아니라, 친밀함과 돌봄을 실천함으로써 이루는 '동사로서의 가족'을 국가가 보호하고 지원해야 한다고 말한 한 국회의원 이야기를 들려주었다.[22] 가족은 혈연으로만 이루어지는 존재가 아니라는 것, 아이가 원하기만 한다면 다양하고 넓은 의미의 가족을 스스로 꾸릴 수 있다는 사실을 알려 주고 싶었다. '냉장고를 같이 쓰면 가족'이라는 냉장고 원칙을 고수하는 핀란드 정부의 이야기도 들려주었다.[23] 아이는 무척 흥미로워하며 이렇게 말했다.

"좋아하는 사람과 같이 살고 싶은 마음은 자연스러운 거잖아."

법의 역할은 이런 자연스러운 마음을 함부로 가로막지 않

---

21 〈결혼도 혼자도 아닌… 생활동반자법 제정되면 뭐가 달라질까?〉, 일다, 2023년 5월 18일자 기사 참고.
22 위의 기사, 용혜인 기본소득당 국회의원의 발언 참고.
23 〈"한 냉장고 쓰면 식구죠"… 핀란드엔 '이상한 가족'이 없다〉, 이데일리, 2020년 2월 7일자 기사 참고.

는 세상이 되도록 돕는 데 있다고 생각한다. 결혼식을 하든 안 하든, 혼인신고를 하든 안 하든 사랑하는 사람을 기꺼이 서로 책임지고 살아갈 수 있는 세상이 우리에겐 절실하게 필요하다.

같이 살기 파티

언젠가 좋아하는 사람을 만나 같이 살기로 결정한다면 나에게 꼭 미리 말해 주겠다고 아이가 약속했다. 나는 그날을 위해 열심히 돈을 모아서 아이가 원하는 대로 성대한 파티를 열어 주기로 했다. 아이는 "엄마가 한 말 까먹지 않게 꼭 써 둬" 하고 신신당부했다.

> "엄마, 나는 사람들이랑 맛있는 거 나눠 먹고 춤추고 노는 건 일단 좋거든. 생일파티나 결혼식이나 크게 다르지 않은 것 같아. 좋아하는 사람들 불러서 맛있는 거 나눠 먹는 거니까. 결혼식은 안 해도 파티는 열고 싶어. 파티엔 말야, 일단 먹는 게 제일 중요해. 누구나 잘 먹을 수 있는 음식을 준비할 거야. 야채주의자[24]인 엄마 친구들도 마음껏 먹을 수 있을 만큼 쌈 채소를 산더미처럼 쌓아 줄게.
> 파티는 여름에 할 거야. 나는 티셔츠에 반바지 스타일이 잘

---

24 '채식주의자'를 지칭하는 아이의 말을 그대로 옮김.

어울리니까. 등장할 때는 수풀 속에서 등장할 거야. 사람들이 깜짝 놀라면 얼마나 재밌겠어. 먼저 수풀에 숨어 있다가 사람들이 막 찾으면 쏙 얼굴을 내밀면서 '우리 찾는 거야?' 하면서 연극처럼 등장할 거야. 댄스 타임은 반드시 있어야겠지. 밤새 춤추고 놀 거야. 그런데 추기 싫은 사람은 그냥 앉아 있어도 돼. 그리고 앞으로 하고 싶은 일에 대해 발표할 거야. 당연히 내가 직접 써야지. 첫 문장은 이렇게. '세상 재밌는 것에 다 도전해 보겠습니다.' 하늘 그네나 스쿠버다이빙이나 번지점프 같은 거. 지금 어린이라서 못 하는 걸 좋아하는 사람이랑 실컷 하게 되면 얼마나 좋겠어.

어린이를 위한 준비도 할 거야. 결혼식장엔 애들이 많이 오잖아. 그런데 아이들이 그냥 기다려야만 하면 너무 따분하지. 엄마 아빠들은 맨날 '쉿 쉿, 뛰지 마' 이런 말만 하잖아. 나는 커다란 미끄럼틀이나 모래놀이를 준비해 둘 거야. 어린이를 위한 노래도 따로 틀어 줄 거야. 초대형 비눗방울도 가져다 두고. 어른들도 얼마나 좋아하겠어. 어른들은 놀이 실력을 숨기고 있다가 판만 벌어지면 잘 놀더라고.

아! 파티 장소가 강물 근처면 더 좋겠네. 미리 수영복을 준비했다가 나눠 주고, 하루 종일 물놀이하고. 그러면 모두가 행복한 시간이 될 거야."

아이의 말을 듣자마자 집 근처 강가가 떠올랐다. 강물이 햇빛으로 반짝이는 곳에서 아이가 사람들과 행복하게 웃는 모습도. 신나는 음악 틀고, 맛있는 음식 잔뜩 차려 놓고, 밤새도록 춤추고 노는 거다. 친구도 잔뜩 초대해서 넘치도록 축하를 주고받아야겠다. 진짜 신났던 축제 같은 날로 모두가 기억할 수 있도록. 누군가와 같이 살기로 결정하는 것은 이토록 기쁜 일이라는 걸 모두가 느낄 수 있게 말이다.

'최고의 애교를 보여 드리겠습니다' 같은 선언문도 사라지고, 화장실조차 혼자 못 가게 만드는 웨딩드레스도 사라지고, 지겨워서 온몸을 배배 꼬는 어린이도 사라지고, 어린이도 어른도 신나게 놀기만 하면 되는 그런 잔치가 우리에게 필요하다. 아이와 나는 끝내주게 잘 놀 준비가 되어 있으니까.

'같이 살기 파티' 계획을 짜면서 우리는 거의 매일 어떤 사람과 어디서 어떻게 살 것인지 이야기를 나눈다. "나는 먹는 게 제일 중요하니까 좋아하는 사람이랑 전 세계 맛집 탐방을 다니고 싶어" 하고 아이가 말하면, "그러려면 체력이 좋아야 하니까 운동 좋아하는 사람인지 알아보는 게 먼저야" 하고 내가 답한다. 또, 지구본을 돌리며 어느 나라 사람과 만나고 싶은지, 문화가 다른 사람을 만나면 어떻게 맞춰 갈 것인지 머리를 맞대고 고민한다. 그러면서 아이는 앞으로 어떤 일을 하며 살고 싶은지 주변에 어떤 사람이 있었으면 좋겠는지 구체적으로 따져 본다. 결혼식에 대한 궁리가 결국 아이 미래의 청사진이 되어 주는 셈이다.

아이와 미래 궁리를 하면서 나는 꼭 하나 부탁하고 싶은 것이 생겼다. 혹시 괜찮다면 파티의 첫 춤은 내가 열게 해 주길. 아이가 꾸릴 새로운 가족을 축복하는 댄스를 오늘부터 준비할 예정이니까.

아이가 동성애에 관심을 갖는다면 어떻게 말해 줄까

살구

세 아이의 엄마. 아이들 모두에게 성별이 드러나지 않는 이름을 지어 주었다. 어느 날 남편과 이야기를 나누다가 딸아이가 남자친구가 아닌 여자친구를 데려올 수도 있겠다는 생각을 했다.

아이가 주변 사람들이 살아가는 방식에

너무 신경 쓰지 않고

자신의 마음에 집중하며 살 수 있게

도와주고 싶다.

지금은 나랑 키 차이가 8센티미터밖에 나지 않는 큰아이가 내 허리춤에도 닿지 않았던 꼬꼬마 시절 어느 날이었다. 기분 좋게 동동거리는 아이를 보며 귀여워하다가 남편에게 이렇게 말했다.

"이렇게 작은 아이가 언젠가 커서 남자친구를 데려오는 날이 올까?"

상상이 가지 않는다고 그랬더니 남편이 이렇게 대답했다.

"여자친구를 데려올 수도 있지."

그러자 내 안의 무언가가 쨍그랑 깨지는 느낌이 들었다. 아! 그렇지, 그럴 수도 있지. 왜 그 생각은 못 했지?

내가 일곱 살 때 유치원에서 생일잔치를 했다. 당시 생일잔치 주인공 중 한 명이었던 나는 한복을 입고 화관을 쓰고 친구에게 축하 뽀뽀를 받았다. 뽀뽀해 주고 싶은 사람 손 들기를 했는데, 여자아이는 남자아이에게, 남자아이는 여자아이에게 손을 들었다. 나보다 한 살 어린 남자아이가 나에게 뽀뽀를 해 주고 싶다고 손을 들었는데 그때 느꼈던 수줍음을 아직도 기억한다. 누군가 나를 좋아한다는 말을 들었을 때의 기쁨을 처음 느껴 봤고, 동시에 이런 생각도 들었다.

'나는 여자아이다. 그러니까 나를 좋아하는 사람은 남자아이다.'

이 장면이 어떤 의미가 있어서 아직도 선명히 기억나는지 오랫동안 몰랐다. 나에게 이성애 규범이 새겨진 시기인 걸까. 그런데 이제 와 생각해 보면 아쉬움이 남는다. 내가 누군가를 자연스럽게 좋아하는 마음을 경험하기 전에 머리로 이미 좋아할 상대를 규정했다는 사실이 말이다. 나에 대해 스스로 탐색을 시작하기 전 이미 정해진 길로 안내를 받은 기분이랄까. 그래서인지 우리 집 아이는 그런 규정 속에 자라지 않기를 바라는 마음이 컸다. 정확히 말하면 이성애 중심의 메시지를 받고 나처럼 그 안에 갇힐까 봐 조바심이 났다. 내가 경험한 생일잔치 같은 일이 내 아이에게는 일어나지 않기를 바라며 늘 아이 주변을 살폈다. 그러나 아이가 커 갈수록 아이의 생활반경은 넓어졌고, 아이 혼자 다니는 시간도 늘었다. 나는 불안해하기보다 아이와 먼저 이야기를 나눠야겠다고 생각했다.

설마 내가 이반일 리가 없지

아이와 대화를 나누기 전에 나에 대해 돌아봤다. 몇 년 전까지 내가 이성애자라고 철석같이 믿었는데 생각해 보니 남자만 좋아했던 건 아니었다. 중학교 1학년 때 '카리스마 언니'라고 불리던 한 학년 선배를 좋아했다. 열렬히 좋아한 건 아니고, 마주치면 설레고 가끔 얼굴을 떠올리는 정도였다. 말을 섞어 본 적도 없었다. 그러다 전학을 갔는데, 그 무렵부터는 H.O.T.를 좋아해서 팬클럽에 가입했다. 그때 팬픽을 읽으며 동성끼리의 사랑을 상상할 수 있게 됐다. 하지만 그건 소설일 뿐, 현실에서도 가능할 거라는 생각까진 하지 못했다. 그즈음 친구들 사이에 "누구누구가 이반이래"라는 식의 말이 돌았다. '이반이 뭐지?' 잘 모르겠지만 왠지 알 것 같은 기분으로 '이반'을 검색해 봤다. 일반이 아닌 사람. '그럼 일반은 뭐지?' 잘 모르겠지만 왠지 나는 일반 사람으로 살아가는 게 좋겠다고 생각했다.

고등학교 1학년이 끝나갈 무렵에는 어떤 남자아이를 많이 좋아했다. 그 후론 일반, 이반 따위의 고민이 없어졌다. 이성친구와 연애를 하면서 일찍 결혼하고 싶은 마음도 들었다. 언제부터였을까. 어느 순간 나는 남자와 여자 한 쌍이 두세 명의 아이를 돌보는 모습을 단란한 가정의 모습이라고 생각하고 있었다. 그리고 몇 번의 연애를 하다가 지금의 남편을 만나 결혼했다. 연애의 끝은 곧 결혼이라는 고정관념이 한몫했다.

지금도 늦지 않았다

〈크레이지 엑스 걸프렌드 Crazy Ex-Girlfriend〉라는 미국 시트콤을 정말 재미있게 봤다. 이성애자로 살다가 양성애자임을 깨닫게 된 중년 남성이 등장하는데, 이렇게 늦은 나이까지 본인의 성적 지향을 모를 수도 있다는 걸 그 드라마를 보다가 알 수 있었다. 나는 이 드라마에서 그 중년 남성이 양성애자임을 고백하며 흥겹게 노래하는 장면을 참 좋아한다. 몰랐던 자신을 발견한 기분이 얼마나 좋을까. 덩달아 기분 좋아지는 장면이다.

사람을 남성과 여성으로만 나누지 않는 사회, 이성애만이 적절하다고 말하지 않는 세상에서 컸다면 나는 지금 어떤 사람으로 살고 있을까? 내가 정말 여성일까? 내가 남성만을 좋아하는 사람일까? 지금 남자가 아닌 누군가를 사랑하는 것도 아닌데 왜 그런 게 궁금할까? 내 성적 지향을 제대로 모를 때와 알 때는 어떤 차이가 있을까? 내가 있는 위치를 바르게 직시하는 일의 의미와 중요성은 무엇일까? 내 삶에 어떤 영향을 미칠까?

이렇게 끊임없이 질문을 하다가 퀘스처닝questioning이라는 용어를 발견했다. 퀘스처닝이란 "자신의 지향 그리고/혹은 젠더 정체성이 현재로서는 불확실하거나 탐구 중인"[25] 상태를 뜻한다. 스스로에 대해 질문하는 상태. 이 말을 알게 되자마자 무릎을 탁 쳤다. 바로 저거다!

늦은 감이 있지만 이제라도 '여성' 그리고 '이성애자'라는 범주에서 탈출하면 어떤 삶이 펼쳐질까 상상해 봤다. 현실에서는 여자와 남자를 넘어 다양한 선택지를 추가하는 일에 힘을 불어

---

25 지니 게인스버스, 허원 옮김, «성소수자 지지자를 위한 동료 시민 안내서», 현암사, 2022.

넣으려고 성별을 선택해야 할 상황에서 '기타', '논바이너리non-binary', '말하고 싶지 않음' 등에 체크를 하곤 한다.

성소수자를 차별하는 이 세상에서 성소수자라는 단어가 사라지기를 바라며 언젠가 글을 한 편 쓴 적이 있다. 잘못된 정보를 쓰지 않으려고 공부하다 발견한 정체성 탐구 설문지에 직접 답을 해 보니, 나는 젠더퀴어genderqueer[26]로 분류되었다. 그동안 "나는 퀴어가 아니지만"이라고 선을 그어 왔는데, 내 세상이 이렇게 좁은 건가.

'퀴어하다'는 것과 그렇지 않다는 것

내가 학교에서 받았던 성교육은 '두 가지 성별의 생물학적 차이'와 '임신', 딱 이 둘뿐이었다. 이와 달리 포괄적 성교육은 생물학적 지식에 국한되지 않고 인간의 생애에서 성과 관련된 모든 경험을 포함하는 교육이다. 또한 포괄적 성교육은 아기부터 노인, 학교 밖 사람들, 성소수자, 장애인을 아울러 복합적이고 다층적인 성에 대해 배울 수 있어야 한다는 관점을 바탕으로 한다. 나는 포괄적 성교육을 지지한다. 그러나 포괄적 성교육의 정의가 누군가에겐 반대의 이유가 되기도 한다. 아이들이 어릴 때 동성애를 배워서 동성애자가 될까 봐 걱정하는 사람들이 있는 것이

---

26 젠더 정체성이 남성도 여성도 아닌 이를 지칭한다(앞의 책 참고).

다. 그런데 그게 배운다고 되는 일인가? 나는 아이가 성소수자가 될까 봐 걱정하는 게 아니라 만일 아이가 성소수자라면 앞으로 살아갈 세상이 힘들까 봐 걱정이다. 그래서 세상을 바꾸는 일에 조금이라도 동참하고 싶은 것이다.

스스로를 일반 사람이라고 말하는 사람들은 자신을 '퀴어 queer'라 말하는 사람들과 자신이 다르다고 생각하겠지만, 퀴어의 범주는 정답처럼 정해져 있지 않다. '성소수자'라는 뜻으로 한정하기도 어렵다. 나의 예상과는 다르게 정체성 탐구 설문지가 나를 '젠더퀴어'라고 분류했듯이 말이다. 우리가 상대방에 대해 당연히 퀴어가 아닐 거라고 지레짐작하면 퀴어는 자신을 감출 수밖에 없는 상황에 놓이게 되고 소수자가 되지만, 반대로 우리가 만나는 사람들이 퀴어일 수도 있다고 생각하면 커밍아웃 따위는 필요하지 않을지도 모른다. 오히려 이성애자가 "저는 이성애자예요"라고 말해 줄 필요가 생길 수도 있다.

나는 이제야 질문하고 있지만 우리 집 아이는 지금부터 마음껏 질문하고 탐험하길 바란다. 세상이 주는 압박에 굴하지 말고 가고 싶은 길로 가기를 바란다. 주변 사람들이 살아가는 방식에 너무 신경 쓰지 않고 자신의 마음에 집중하며 살 수 있게 도와주고 싶다.

나의 작은 별, 넌 그대로 있기만 하면 돼

코로나 팬데믹으로 온라인으로 열리게 된 퀴어 축제에 참가한 적이 있다. 파인애플 머리에 민소매 티와 짧은 치마를 입고 스케이트보드를 타는 살구 아바타를 만들었다. 나 대신 그 귀여운 아바타가 곳곳의 전광판에서 행진을 했다. 팬데믹이 끝나고 마침내 함께 걷는 퀴어 축제가 열렸을 때, 아이에게 함께 가자고 말하려다가 퀴어 축제가 무엇인지, 어떻게 설명해야 할지 명쾌하게 떠오르는 말이 없어 고민했다. 그래서 그냥 어떤 축제라고만 했다. 그곳에 도착해서 직접 보면 더 해 줄 말이 생각날 것 같았다.

지하철 역사가 평소와 다른 느낌의 사람들로 북적이는 모습을 보면서 드디어 아이에게 할 말이 떠올랐다.

"사람들은 여자와 남자만 있다고 믿기도 하고, 여자와 남자만 서로 사랑해야 한다고 믿기도 해. 그런데 그렇지 않아. 그렇지 않다고 크게 외치고 싶은 사람들이 이 축제를 만들고 여기 모이는 거야."

움직이는 퍼레이드 행렬을 지켜보며 무지개 깃발을 흔들고 있는데 눈물이 났다. 아이가 볼까 서둘러 눈물을 닦고 울지 않은 척했는데 이제와 생각해 보니 내심 눈치채 주길 바라는 마음도 있었던 것 같다. 엄마가 왜 울었는지 혼자 곰곰 고민해 보는 시간을 가져도 괜찮지 않았을까.

축제 현장에서 많은 사람이 한꺼번에 웃음 짓고 있는 모습을 보니 복잡한 감정이 차올랐다. 무지개 깃발을 든 아이의 뒷모습을 보면서 아이와 함께 그 자리에 있다는 사실이 기뻤다. 내년에는 나도 저 퍼레이드 행렬 속에서 웃고 싶다는 생각을 하면서 아이에게 물었다.

"내년에도 같이 올까?"

고개를 끄덕이는 아이를 꼬옥 안아 주고 싶었는데 날씨가 너무 더워서 참았다.

가끔 여기 지구에 있는 사람들이 세상에 하나밖에 없는 별들 같다. 누구와도 겹치지 않는 유일한 별이라고 생각하면 인류애가 조금 살아난다. 나는 별을 좋아하니까. 그런데 별들 사이를 이쪽과 저쪽으로 구분하는 선을 누가 그어 놓는다면 그건 좀 이상하지 않을까.

영화 〈딸에 대하여〉에서 레즈비언 커플이 참 무례한 질문을 받는 장면이 나온다. "혹시 그쪽이세요?"라고 묻는 사람에게 주인공은 "그쪽은 뭐고 이쪽은 뭔데요?" 되묻는다. 그 장면을 보면서 다짐했다. 마음대로 선을 긋고 차별하는 사람들에게 나도 계속 되물을 거라고.

주석 외 참고문헌

모든 것을 털어놓는 사람이 꼭 부모여야 할까
강석희, 《꼬리와 파도》, 창비교육, 2023.

아픈 가족을 잘 돌보려면 어떻게 해야 할까
야스토미 아유무, 박동섭 옮김, 《단단한 삶》, 유유, 2018.
백온유, 《페퍼민트》, 창비, 2022.

아이를 맡기고 여행을 가도 될까
김영옥·류은숙, 《돌봄과 인권》, 코난북스, 2022.
에바 페더 키테이, 나상원·김희강 옮김, 《돌봄: 사랑의 노동》, 박영사, 2016.
조기현·홍종원, 《우리의 관계를 돌봄이라 부를 때》, 한겨레출판, 2024.
김창엽 외, 《돌봄이 돌보는 세계》, 동아시아, 2022.

가족의 공용 공간 화장실, 함께 관리할 수 있을까
알렉산더 K. 데이비스, 조고은 옮김, 《화장실 전쟁》, 위즈덤하우스, 2024.
〈'서서 싸'야 남자다운 걸까?〉, 여성신문, 2024년 3월 21일자 기사.
〈모두를 위한 성중립 화장실〉, 비마이너, 2020년 11월 20일자 기사.

스마트폰을 쓰는 아이에게 어떻게 조언할까
조너선 하이트, 이충호 옮김, 《불안 세대》, 웅진지식하우스, 2024.

힘으로 다 되는 건 아니라고 아들에게 어떻게 알려 줄까
주디스 버틀러, 김정아 옮김, 《비폭력의 힘》, 문학동네, 2021.

다 큰 아들과 성에 대해 솔직하게 대화할 수 있을까
프랭크 머피 글, 케일라 해런 그림, 윤영 옮김, 《너에게 말해 주고 싶어》, 그린북, 2020.
김항심, 《이토록 다정한 공부》, 어떤책, 2023.

성장 중인 아이와 살면서 다이어트를 해도 될까
수지 오바크, 김명남 옮김, 《몸에 갇힌 사람들》, 창비, 2011.

아이가 있는 집의 질문들
Questions of the Family with Kids
ⓒ 부너미, Printed in Korea

1판 1쇄 2025년 11월 10일
ISBN 979-11-89385-62-0

지은이.
부너미의 김수현, 김은희, 김진, 나비, 랄라, 살구, 서연, 성소영, 아이린, 이마사라, 이민영, 이성경, 이효정, 임혜림, 장미영, 정현주, 풀이, 하지, 홍애리, 홍이
펴낸이. 김정옥
편집. 김정옥, 조용범
마케팅. 황은진
디자인. 나침반
제작. 정민문화사
종이. 한승지류유통
펴낸곳. 도서출판 어떤책
주소. 03706 서울시 서대문구 성산로 253-4 402호
전화. 02-333-1395
팩스. 02-6442-1395
전자우편. acertainbook@naver.com
홈페이지. acertainbook.com
페이스북. www.fb.com/acertainbook
인스타그램. www.instagram.com/acertainbook
파본은 구입하신 서점에서 바꾸어 드립니다.

안녕하세요, 어떤책입니다. 여러분의 책 이야기가 궁금합니다.

홈페이지 acertainbook.com
페이스북 www.fb.com/acertainbook
인스타그램 www.instagram.com/acertainbook

점선을 따라 가위로 오려서 보내 주세요. 우표 없이 우체통에 넣으시면 됩니다. ✂

보내는 분

이름

주소

이메일

우 편 엽 서

03706 서울시 서대문구 성산로 253-4 402호

도서출판 어떤책

a certain book

우편요금
수취인 후납
발송유효기간
2025.7.1~2027.6.30
서대문우체국
제40454호

저희 책을 읽어 주셔서 감사합니다. 독자엽서를 보내 주시면 지난 책을 돌아보고 새 책을 기획하는 데 참고하겠습니다.

1. 《아이 가 있는 집의 질문들》을

☐ 선물받았습니다. ☐ 추천받아 구입했습니다. ☐ 추천 없이 구입했습니다. ☐ 기타: _____

2-1. 이 책을 선물하거나 추천한 사람은 누구인가요?

☐ 친구 ☐ 가족 ☐ 선생님 ☐ 서점 운영자 ☐ 기타: _____

2-2. 이 책을 구입하신 서점은 어디인가요?

_____

3. 이 책의 저자나 출판사에 하고 싶은 말씀이 있다면 들려주세요.

_____

_____

4. 새 책 출간, 북토크 개최 등 출판사 소식을 이메일로 공유받길 원하시나요?

☐ 네, 보내 주세요. ☐ 아니요, 원하지 않습니다.

기입해 주신 개인정보는 출판사 소식 공유 외 다른 목적으로 사용되지 않습니다.

점선을 따라 가위로 오려서 보내 주세요. 우표 없이 우체통에 넣으시면 됩니다. ✂